职场达人就是这样炼成的

——职场误区篇

宁国涛 著

西安电子科技大学出版社

内 容 简 介

　　本书作者在职场摸爬滚打二十余年，从公司的最基层员工升职到公司人力资源部经理，再到公司的副总经理，亲身经历和耳闻目睹了职场上的许多人和事，有着很多感悟，于是，作者写下了有着许多职场真实原型的文章。本书作者写这部书的时候，非常重视"实用性"，目的就是让职场准新人和职场新人在职场中少走错路和弯路，从而快速成长为一个职场达人。

　　一些上班族在职场中找不准自己的位置，一些上班族找不准老板的位置，不明白哪些工作是老板做的，哪些事情是不该老板做的。那么，自己的位置在哪里？老板的位置又在哪里？哪些工作需要老板做，哪些工作不需要老板亲自去做呢？

　　有些人职场上工作能力很强，为什么总得不到提拔重用？一些员工工作很勤奋，业绩也很不错，但是，在职场里的"工资价位"就是不高，好马为什么卖成了驴价钱呢？工作要善始善终，做一天和尚要撞一天钟，这一点在职场中到底有多重要？很多人都期盼得到贵人的指点和提携，但是，贵人出手也要看对方值不值得帮助，为什么你没有遇到过职场贵人？职场中的贵人最喜欢什么样的人？一些职场人拿着高薪期盼着工作轻松，工作轻松的职场人却期盼着拿高薪，不愿意承担更多责任和压力的人却期盼着得到提拔重用，工资和福利待遇都很满意的却为单位离家太远而心生厌烦……职场中的"甘蔗"到底有没有两头甜？职场中的很多人私下里聊天的时候，东一言西一语地抨击自己的老板，把老板说的好像是天下第一傻瓜。职场中，为什么不能挑剔老板？职场中需要处理好哪些情事？老朋友在职场中见面，为什么不要高兴得太早？

　　这些问题，本书都有明确的答案，知道了职场的诸多道理，才可以避免走进职场误区。

——— 前 言 ———

心有多大，舞台就有多大！套用这句话：脑子有多糊涂，职场误区就有多大！在职场中，要减少和消除误区，需要当事的职场人找准自己以及老板的职场定位，保持清醒的头脑。

有些员工把老板当成了居委会大妈，与同事相处时受到一点委屈就向老板倾诉、向老板讨说法，要求老板还自己一个公正。但是，老板是公司的舵手，身上担负着很大的风险，压力非常大！他时时刻刻想的是公司"不翻船"、不破产，很多时候，对于你和同事之间的是非，他懒得去听，更懒得去管，他关心的是你的职场成绩如何。

有些员工把老板当成了"救助所"，总想着让老板帮自己克服职场上的困难。老板不是你未成年时候的爹妈，他们没有这个义务。

有些员工把老板当成自己的"恋人"，对方只要稍微惹自己不开心，就人前人后地嘀咕着"做梦都想着分手"(辞职)。本来也就是使使小性子、发发牢骚，其实内心非常不愿被老板辞退，但是嘀咕多了，就真的可以"梦想成真"了，不是你辞职，而是"被"辞职。

如果进行角色转换，把自己当成老板，站在老板的角度上看自己，你就会发现自己认识上的很多不足之处，就会惊觉以前的自己怎么那么幼稚、那么不沉稳。站在老板的角度上看自己，你就能发现自己的业绩不好、个人能力有待提高、为人处世方面还需要加强修养。站在老板的角度上看自己，你就会发现自己职场上的很多误区，就少了狂躁，多了平和；就少了牢骚，多了工作上的努力；就会少了怨愤抵触，多了主动向同事示好……

最后，衷心地感谢张颖异女士、魏蔚女士、赵水英女士、李雪莉女士、游本章前辈以及马宁敏先生。在本书写作过程中，他们给予了我很大的帮助和支持。在此郑重鸣谢！

宁国涛

2015 年 1 月

目　　录

第一章

你为什么不看秒针

第1节　好马别卖个驴价钱

吕洁一直觉得自己在职场上不得志，常常感叹自己简直就是多灾多难。其实，吕洁这么有怨气也非常正常，大学毕业五年，先后换过三家公司，工作很敬业，业绩很优异，但是，总是得不到提拔，得不到提拔重用也就罢了，在职场上还老受人打击，让人情何以堪？

既然在"小人"堆里混不下去，那就换地方呗！目前的工作是她的第四份工作，她干得还是非常窝火。她就不明白了，这些同事怎么像和她有仇一般，处处和她作对。

就在昨天，吕洁连续和两个人吵架，一个是自己的顶头上司、她所在策划部的部门经理。部门经理喜欢搞工作形式，喜欢让自己的部门员工写工作总结，每个星期一的早晨，大家都得交上个星期的工作总结。工作干多少、干的效果，都在那放着呢，还有必要写工作周报吗？累了一个星期了，何必还让下属做无用功？她一怒之下，连续三个星期交的工作总结都是一样的。部门经理提醒她："你把工作总结交重复了。"她立刻愤怒地说："没有交错，因为我做的是同样的工作！所以，我交的周报相同也是正常的。"大家都很讨厌写周报，但是，只是心里有意见，还没有人向部门经理流露出抵触情绪，她的回答惹得部门的其他同事暗暗叫好，弄得部门经理非常尴尬，也非常恼怒。

另一个吵架的对象是部门的同事。吕洁做出的一个很好的策划方案，即将执行。那天下午，部门一个同事在和同行公司的一个熟人电话聊天中，无意中泄露出去一部分策划方案的内容。吕洁非常愤怒，指着同事的鼻子说："我不怕对手是狼，我害怕队友是猪。"本来这个同事对于无意中泄露部分策划方案很是内疚，但听她这么指责自己，非常生气："你一辈子能保证自己不犯错误吗？如果你犯错误，是不是意味着你自己变成了猪？"本来吕洁还很有理，但是，她那么怒斥人，大家觉得吕洁说话非常过分，咄咄逼人，于是对她报以冷眼。

吕洁觉得这些人真是愚昧，没有是非观念，明明是对方做错了事情，还从道义上支持此人。与这样的团队在一起工作，真是自己的耻辱！于是，她决定再次辞职！

当吕洁把辞职的打算告诉父亲的时候，一向宠爱她的父亲很恼火，一脸严肃地问她到底为什么又要辞职？她就气愤地把昨天发生的两件不愉快的事情告诉了父亲，并且愤怒地说："这样的事情经常在单位发生，我简直郁闷坏了，我要离开这个鬼地方！"父亲很生气，决定坚决阻止任性的女儿："你知道你犯了什么错吗？好马卖个驴价钱——坏就坏在嘴上！"见女儿一脸迷茫地看着自己，父亲叹息说："这是句老话，意思是好马如果嘴巴长得像驴，那么就只能按照驴子的价格卖掉，因为大家认为马和驴的区别，主要就在嘴巴上。这句话经常比喻人在语言交流方面存在严重缺陷。嘴巴上得罪人多，你在职场上虽然业绩好，也很优秀，但是却让大家很讨厌。原本是"好马"的素质，结果在职场上只落了个'驴'的待遇！"

"好马卖了个驴价钱"，话粗理不粗啊！自己就是因为管不好自己的嘴巴，在职场上经常顶撞这个讽刺那个的，得罪人多，最终使得自己在职场上很不得志。

这么反省着自己，吕洁感觉自己脸上发烫。她决定不辞职了，从今以后，一定注意和同事间的相处，一定注意说话的方式，不要再那么给人难堪了，争取让自己这匹好马在职场上能"卖"出好马的价钱。

第2节　你为什么不看秒针

大学毕业后，丁莉进入一家外企担任前台。前台的工作非常琐碎，就是给单位收发快递，接待来访客人，让来访客人登记并领来客去会客室等待需要见面的本公司员工；公司聚餐或者开年会，要帮忙找酒店、谈价格、布置会场；甚至还要当保安，中午下班大家出去吃饭的时候，前台要守在自己的岗位上，防止有窃贼进公司偷盗，自己只能靠同事帮助带盒饭。

最气人的是参加年会。她和行政部的一个文员小李被行政部经理派去买饮料以及啤酒，还有白酒。两个女孩搬着那么多的东西从超市里走到距超市足有二百米的马路上，累得气喘吁吁，而其他人都在酒店里喝茶、抽烟、嗑瓜子。为什么派她们两个女孩子来买饮料和酒？丁莉越想越生气。

她和小李把饮料放进包间的时候，发现单位同事们大家各聊各的，研发部经理笑得嘴都合不拢了，销售部经理更是乐得两眼眯成了一条缝。这两个人都是老板的心腹爱将。

丁莉和小李进来的时候，根本没有人站起来表示问候，他们依然谈笑风生，这让丁莉心中更加恼怒。

发年终奖的时候，老板声称按功行赏。给销售部经理的年终奖是 16万，给研发部经理的年终奖是 13 万。丁莉的年终奖发到手的时候薄薄的，丁莉打开看了看，只有 1000 元。本来丁莉还担心当场看红包不合适，但是，她环顾左右，发现自己多虑了，周围的人根本没有注意自己的，大家都在羡慕地看着销售部经理和研发部经理。这两位像土豪一般，怀里抱着一摞摞的钞票正在拍照留念!

销售部经理和研发部经理是年会的明星,不但老总给他们敬酒,其他部门的经理也主动向这两位明星经理敬酒。

基本上没有人向丁莉敬酒,她感觉自己就像个可怜巴巴的丫鬟,看着主人们在热闹。

丁莉郁闷地吃完饭,揣着少得可怜的年终奖,心情烦躁地回到租房处。丁莉给父亲打电话说这个事情,然后抱怨公司太不公平了,年终奖的差距竟然那么大,自己忙活一年了,才给 1000 元的年终奖。父亲沉默了一下,说:"我记得你租住的地方挂了一个石英钟,你看下几点了。记住,一定看钟而不是看手机上的时间。"丁莉满腹狐疑,不知道父亲在玩什么花样,不过,她还是老老实实地去客厅看了,然后告诉父亲是晚上八点二十七分。父亲问道:"你刚才注意看秒针了吗?"丁莉觉得父亲问得很可笑,她强迫自己耐下心和父亲交流:"秒针又不重要,谁看它啊!"父亲在电话里说道:"傻孩子,你明白这些就好,就像钟表的秒针一样,每天二十四个小时都走个不停,但是,如果没有特殊情况,大家通常看的还是时针和分针。你现在的情况和秒针一样,因为大家觉得你不重要,就把你忽略了。你自己应该争气而不是生气,你应该把自己从秒针变为分针甚至时针,那就会有很多人关注你、重视你了。你大学里学的财务,虽然找的工作不对你的专业,但是,你业余时间可以用来学习、备考助理会计师或者会计师,这样一来,你以后就可以应聘公司会计了,你见过哪个公司让会计打杂的?"丁莉听父亲这么说,心情一下子好了起来,她找准了自己的职场目标,那就是把自己"秒针的地位"转变为"分针的地位",甚至是"时针的地位"。

如今,经过多年的努力,丁莉已经是一家大公司的财务总监,在公司里也是受老板重视、受平级同事尊敬、下属敬仰的"时针级"职场人物。

职场中,当你被大家忽略、被大家轻视的时候,当你满腔怒火愤愤不平的时候,当你感觉自己怀才不遇的时候,你要想想秒针,它每天走得那么辛苦那么忙碌,但是,大家看时间的时候却往往把它忽略。不要生气、不要抱怨，踏实下来勤奋努力吧，等你在职场上做出一定的业绩，等你变成职场"分针"甚至"时针"的时候，你就会得到大家的认可与尊敬。

第3节　业精于勤而荒于网络和手机

我有个同事，经常唠叨她每天很忙，时间很紧张，不但本职工作干得很勉强，而且根本没有时间充电。没有时间充电，怎么会有能量在职场上跑得更远呢？这个同事很是郁闷。

那天，下班回家在地铁内换乘的时候，她就和我唠叨这个事情，边说边下楼梯。走着走着，她突然"立定"，害得我差点撞在她身上，还好我及时刹住了脚。我很知趣地站在边缘位置，靠在扶手上，为下楼梯的人让路，然后我又好笑又好气地观察我这个同事，只见她站在那里拿个手机打游戏，非常忘我，压根忘了自己站在那里影响别人下楼梯，旁边的人都得绕着她走，好像她是站那用来分流的一般。我没有喊她的原因是因为我要观察她到底能把我忘多长时间。她在那噼噼啪啪地打一款削水果的游戏，嘴里还念念有词："削你，削你，削死你！"玩了差不多有二十分钟，她好像惊觉自己是要乘坐地铁的，然后抬头四顾，看到了倚在扶手上的我，很自然地说道："咱们下去等地铁去！"一点不为耽搁的二十分钟感到抱歉，看来她是经常这么做。不过，她打游戏的时候，我还真观察了，就在转车的楼梯上，居然站着好几个拿手机或者苹果电脑在那玩的人。看来拿着手机当"分流桩"是个新时尚。我对这新时尚只能苦笑。乘上地铁后，同事在地铁里也是低头玩手机。放眼望去，十个人中至少有八个人不是在玩手机就是在玩电脑，一个人在闭目养神，一个人在睁眼发呆。也就是说在地铁上玩手机和玩电脑是主流。

我和同事合租一套两居室，我们一起回到家。吃完饭后，这个同事也是在那玩电脑、逛网店、看衣服、看化妆品、看包包，很多时候并不买东西，只是逛。逛了两个小时后，开始在网上看电视剧。现在网上看电视剧真方便啊，她有时候周末能突击在网上连续把三四十级的电视剧看完，这个勤奋劲太让人佩服了。

同事不但上下班路上玩手机，晚上以及周末时玩手机和电脑，就是平时上班的时候，也是见缝插针地玩手机。很多时候，我弄不清楚她是在工作中忙里偷闲地玩电脑，还是在玩电脑中忙里偷闲地工作。

我希望自己能利用好业余的零碎时间充电，上下班的地铁上，我都是插着耳机听英语；下班以及周末，我看电视里的英语频道，从来不在电脑或者手机上浪费时间。后来我考取了同声传译，跳槽到一家翻译公司，因为不在一个公司了，我的这个合租同事变成了我的前同事。

我经常给一些大型的国际商务会议做同声翻译，每个月的工资六万元左右，这是我以前全年的工资。

一年后，我贷款买了房子，搬离了我与前同事合租的那套房子。前同事非常沮丧，她不明白以前一个公司上班、一个套房住的我怎么与她拉开了距离，怎么就走在了她的前面。其实，业精于勤而荒于网络和手机，如果她不是这样浪费时间，这么多年也可以充电学习，也可以提高自己的职场技能。

职场小贴士：

一个不爱学习的上班族，一个经常把时间浪费在手机和电脑上的上班族，一个不想着提高自己职业技能的上班族，前途堪忧。一句话，每天是把时间和精力浪费在手机游戏和网络垃圾信息上，还是用在学习充电上，效果肯定是不一样的。手机和网络都是双刃剑，在带给我们种种生活以及工作便利的同时，也悄悄地偷走了我们的很多时间。我们能做的是时刻保持清醒的头脑，把手机和网络用在正途上，把业余时间也用在正途上，这样，职场前程还有什么担忧的呢！

第4节 即使摔倒也要抓把沙在手

胡悦是上海一家公司的行政部文员，这家公司是生产、销售办公用品的，客户是那些大中型公司。

胡悦在这个公司里工作了一年，也算是比较有工作经验的员工了，于是，行政部主管就把公司参加一次展会的具体工作交给胡悦去执行。

胡悦所在的公司是行业内刚成立没几年的公司，公司老总很想迅速打开知名度，于是对这次展会非常重视，专门下拨了较大的一笔资金用于制作赠品，以获得很好的广告效果。

因为购房、租房以及其他方面的生活压力，胡悦知道大城市里有很多白领为了节省开支而自带午饭，很多公司顺势而为，非常人性化地购买了微波炉，以方便员工加热自带的午饭。

胡悦想来想去，决定制作两万个微波炉专用的饭盒。制作饭盒的材料非常环保，精致的饭盒内被一块竖板分割成两块，一块是放饭的，另一块是放菜的。饭盒的盒盖密封性能非常强，不会向外渗漏饭菜的汁液。另外，饭盒的顶端还专门设计了一个细长的小槽，里面放置着一双特意制作的筷子。小槽的槽门可以关闭，以免筷子不慎掉落。

胡悦咨询过公司的同事后，大家都觉得这个赠品非常好，既好看又非常实用，在上面打上公司的名字后，诸多写字楼的白领用这样的饭盒在办公室里吃饭，广告的效果会非常好。

胡悦的部门经理以及公司老总对这样的赠品都非常满意。

赠品制作好后，胡悦把它们存放在本公司的仓库里。

尽管胡悦感觉自己把展会上的很多事情都想周全了，但是，百密一疏：她没有考虑到大城市的交通拥挤情况，展会是在周六举行的，周末的交通更是堵塞得厉害。

胡悦乘地铁早早到了展会会场，但是，公司运送赠品的货车却迟迟不到，给司机打电话反复催促，司机非常焦急、非常无奈地告知："堵车，还在堵车！"

公司为了配合这次展会，早早在网络和报纸上打出宣传："惠顾我公司展台，将有惊喜礼品赠送！"

那天展会上，很多人质问胡悦："我们来到你们的展台了，你们的赠品呢？"胡悦非常尴尬地一遍遍解释："不好意思，交通堵塞，我们的赠品还在路上呢！"对方嘲讽道："真够忽悠人的啊，大城市交通堵塞早就不是什么秘密了，你们就不能大清早在车流量少的时候运过来？没有就没有吧，还想把欺骗进行到底啊？我看你们就是一家骗子公司，谁买你们的办公用品谁倒霉！"

老总很重视这次展会，那天早早就到了展场，听到别人的风言风语，在场的老总气得脸都成茄子色了。胡悦的部门主管也非常尴尬，感觉胡悦这次把工作干砸了，连累自己都会跟着倒霉，内心非常窝火。

展会只开一天。下午三点多钟的时候，赠品终于运到展馆，但是，这个时候，参加展会的人员已经离开大半了，很多公司在收拾展台，准备撤离。老总见这个时候赠品才送来，非常生气地拂袖而去。

本来是想在展会上好好地给公司进行宣传的，没有想到因为赠品没有及时运到，大家都怀疑他们是家骗子公司，这样的名誉损失使得胡悦心情非常沉重，她明白在通信发达的今天，自己的工作失误会在行业内成为笑话。

老总狠狠地批评了胡悦以后，就不再追究了，但是，胡悦觉得自己在职场上摔的这个大跟头不能白摔，以后一定要深刻吸取这次教训。

从此，胡悦对工作非常用心，事事都考虑得非常周密，并且对于可能遇到的麻烦都准备了补救措施，从那以后，胡悦负责的工作再也没有出现过失误。

胡悦在职场中真正成长了起来。

闹出"大笑话"的第三年，公司在武汉成立了一家分公司，老总指派胡悦当分公司的经理，他相信善于改错、学会了谨慎周密做事的胡悦能够胜任。

　　胡悦担当重任独当一面后，确实没有辜负老总的信任，新公司运营得非常好。

　　每个人在职场中"并非圣贤"，犯下一些错误也在所难免，关键是一定要正确对待错误。即使在职场中摔倒也要抓把沙在手，一定要深刻吸取教训，在"犯错"中有所收获，只有这样，才能够在职场中迅速成长起来。

第5节　有种策略叫"捧杀"

　　前阶段，表妹跳槽到一家猎头公司做业务，刚过了两个月，表妹垂头丧气地来我家倾诉："我在单位待不下去了，只得辞职了！"我问道："待不下去是因为你们部门的人都打压你，同事关系非常紧张？"表妹说道："不是的，她们对我可好了，是我自己干不下去的……"表妹的性格倔强，为人处世心直口快，好胜心强，这样的人在职场上也许会受少数人欣赏，但是，如果整个部门的人都对她"可好了"，那就太让人怀疑这"可好了"之后的动机，于是我让表妹举例说说大家对她怎么个好法。

　　表妹说道："我一进到这家公司的这个部门，同事们都夸奖我气质好，他们还说听圈内的人说过，我工作能力很强，等等，把我说得非常开心。有一天，我生病的时候，她们都关心地督促我去医院看病，反复叮嘱我身体要紧，我觉得在这个集体中大家都赏识我、尊敬我、关心我，我感觉很温暖……"表妹说来说去，都是这个部门的同事对她怎么个甜言蜜语，但是，实际工作却没有人帮助她一点！她身体不舒服被大家"关心地督促"去医院的时候，也没有人提醒她应该给部门经理打个电话请假(部门经理当时出去办公事了)，公司的一些章程，也没有人提醒表妹注意，结果表妹屡屡违反公司的规定，每个月都会被罚掉一些钱，部门同事居然还表现出非常惋惜的样子："我们以为你知道这些规定了呢，忘记提醒你了，真是可

9

惜啊！让你白白被罚这么多钱！"

问过表妹以后，我就明白了，表妹是受到"捧杀"了：一个劲地吹捧你，把你吹捧得得意洋洋找不到北，人家在心里暗暗讥笑！工作上却死活不会帮助你，当你向他们寻找工作上的帮助和支持的时候，他们都会拒绝你。但是，拒绝你的理由却让你飘飘然，让你心情很好："哎呀，你工作能力这么强的人都感到棘手，我更是不行了，如果论起工作能力，我只配给你打打下手而已！以后工作上的事情，还得请你多多关照呢！"这样"吹捧式"的拒绝，让被拒绝的人心里美滋滋的，以为自己的能力真的比对方强似的！其实，这就严重中计了。职场是讲究工作能力、讲究工作业绩的地方，特别是对于刚来公司的新人，老板总是暗暗地在考察你的工作能力。一个被同事整天吹捧得晕乎乎的人自然会忽略危机，就好像温水里的青蛙容易忽略危险一样！每天心情愉悦轻轻松松地在单位度"甜蜜的日子"，时间就这么在你"自我感觉良好"中偷偷溜走！等到你惊觉试用期结束了的时候，你也就可以走人了，因为这几个月，你没有做出拿得出手的业绩！

我后悔自己当初没有提醒表妹别中了"捧杀"的招，总以为她好歹也工作好几年了，这点职场常识还能不知道。

事实上，我真的高看她了，结果让她吃了这么大的亏。看来，真的是"千错万错，马屁不错！"拍马屁搞捧杀总是让人很"快乐"地中招！

职场中，新人总是很容易受排挤(哪怕你工作二十年了，跳槽到一个单位，你在这个单位依然是"新人")，这个时候，哪怕是这个环境里原来有矛盾的同事，也会搁置矛盾一致对外(在他们眼里，刚来的新人就是"外人")。这种情况，一般是由一个或者几个资深员工领头或者背后指使，其他员工予以积极配合。职场中，排外不光是那种事事有人和你过不去的"棒杀"型，更有你不断受到甜言蜜语吹捧的"捧杀"型，当你中计而洋洋自得的时候，当你放松自己而忽视工作的时候，你离从这新单位开路的日子也就不远了。

到了新单位，在谦虚谨慎的同时一定要工作勤奋，只有谨慎且工作勤奋的人，只有大脑时刻清醒的人，才能真正在新环境中立住脚。

不管是职场新人还是职场"老人"，进入新单位后，一定要提防被"捧杀"，时刻记住：大脑清醒、言行谨慎、认真工作。做到这十二个字，一般就不会受到甜言蜜语的暗算。

第6节 "后台"领进门，修行在个人

四年前，我们公司来了一个出纳。出纳的水平实在太低，经常算错账目，到银行办理转账业务的时候，糊里糊涂地整不明白，气得银行柜台职员给我们公司财务部打电话："你们能不能派个能办明白的人过来。"

我们大家都感叹从哪招的这个出纳！后来，我们打听到她是市工商局副局长的外甥女，大专毕业后找不到工作，于是她舅舅就把她"推荐"到我们公司上班。碍于她舅舅的面子，我们老板只得接收了她。

我们知道这个情况后，对这个出纳更是不屑，觉得她如果不是有个当副局长的舅舅，根本不可能找到工作。

不过，这个出纳有个优点：虽然有后台，但是，做人还比较谦逊，并没有耍横，工作中出现错误，她总是很真诚地道歉，时间久了，弄得大家都没有脾气。大家把她定义为"没有本事的好人"，也就不和她较真了。

但是，大家没有想到，这个出纳能够经常反省自己，工作中很自强，不断地在工作中改正自己的错误，工作能力越来越强，后来居然成为财务部的业务骨干。另外，她在业余时间还陆续考取了会计师以及注册会计师的资格证书。

去年年底，这个出纳的舅舅退休了，但是她并未因此被公司解雇，相反，还得到了提拔重用，担任公司的财务部长。对于她被提拔重用，大家真心服气，因为这些年来，她一直很低调地努力工作、很低调地学习，大家早就对她刮目相看了。

最初的时候，老板确实是碍于面子而不情愿地当做"包袱"接收了这个出纳，后来，她通过努力，工作能力变得很强。这个时候，老板就把当初的"包袱"当成了"香饽饽"而提拔重用，尽管此时她已经没有后台了。

这个出纳让我想起了当初我在一家广告公司打工时认识的策划部员工付莉。

付莉的姑妈和我们的老板娘是好朋友，于是，大学毕业近一年都没有找到工作的付莉被她姑妈介绍进我们的公司做策划。说实在的，我工作过的那家广告公司在业界很有名气，策划部里有好几个业内高手。按道理说，付莉与高手们在一起工作，只要用心学习，工作能力肯定提高很快。可是，付莉却不学习，自以为姑妈和老板娘的关系很铁，于是在那悠闲自在地混日子。上班的时候就是在网上看新闻、聊天、逛网店，甚至偷偷地出去逛商场，看到好的衣服什么的，回到单位在网上下单购买。策划部主管知道付莉有点特殊背景，也对她特殊对待——不管不问。但是，老板娘是给付莉发工资的，她不能让自己的钞票源源不断地"白流出去"，她在暗地里观察付莉。

过了大半年，忍无可忍的老板娘收集了付莉的一大堆"罪状"，然后找付莉的姑妈告状。姑妈见自己的侄女如此不争气，只得很没有面子地打电话把自己的侄女从公司里劝退。

如今职场中，有很多人是借助这样那样的私人关系和"后台"进来的。如果说关系、说"后台"，爹妈是和你最铁的关系、是你最强大的后台，但是，你作为成年人，爹妈也不可能管你一辈子，何况别的关系和后台？因此，任何凭借后台进入职场的人都要清醒地意识到这一点："后台"领进门，修行在个人。别人已经给你提供了一个非常好的职场平台，那么，你就要努力提高自己的职场本领，争取早一天不靠别人"罩着"也能在职场发展得很好。

第7节 不要让那些优点在"同化"中泯灭

杜雷大学毕业后进入一家公司的研发部工作。虽然是个职场新人，但是，他具备很多良好的品质：工作勤奋、认真，有创新精神，谦虚。

　　这家公司有点吃大锅饭的意思，老总的本意是不想让员工之间竞争那么激烈，大家一起把工作干好，有饭大家吃，有钱一起挣，同等资历员工之间的收入不要差异很大。工资是按照工龄、学历等划分的。

　　杜雷开始的时候感觉挺不好的，觉得单位这样的规定不利于提高大家工作的积极性。但是，听到进入其他公司的那些同学叫苦连天，说竞争如何激烈、工作压力是如何如何的大，杜雷感觉自己进入了一个好单位。

　　那些老员工因为工龄高，待遇很好，再加上对单位很有感情，也理解老总不想给大家施加过多压力的苦心，工作上还是非常认真努力的。

　　但是，任何制度有利的同时也有弊端。杜雷进入这家公司后，认识了一个新同事，他是比自己早来两年的同一大学的学长。两人经常在上班时间去楼梯口抽烟聊天，然后感叹这样的单位真是舒服，没有压力。学长说："反正是吃大锅饭，涨工资也是靠熬时间。那就熬呗，反正工龄越熬越长，工资就越来越多！"

　　经常听学长这么唠叨，杜雷的工作积极性就消失了，干起工作来很是消极，基本上是老员工指派自己干什么，自己才去干。没有人指派的时候，就假装在网上查资料，其实是在那偷偷地看网络新闻或者聊天。

13

　　因为工作不努力，部门经理很是有意见，经常批评杜雷。杜雷一气之下辞职了，跳槽到同行业的另外一家公司工作。

　　这是家比较保守的公司，之所以"保守"，是因为老总不想把大量的钱投资在新产品的开发上，老总比较喜欢那种打擦边球的"模仿"，就是仿制一些同类著名企业的成熟产品，大公司"吃肉"，他们的公司跟着喝汤。这个公司的研发部严格意义上讲只能算作"山寨"研发部。

　　很快，杜雷就"适应"了这个公司的"研发"工作方式，疏远了以前自身所具备的"创新精神"。

　　擦边球打多了，就会有失手的时候，这家公司最终被一家大公司抓住把柄，推上了被告席，最后给对方巨额赔款了事。老总觉得这个办法比较"危险"，于是开始改行，准备开大型超市，进货、卖货，比较保险，正好适合他"保守"的性格。

公司改行了，杜雷跳到了第三家公司。这家公司有个技术人员老高，最能贫，上班期间就听他在那吹牛，时间久了，杜雷也学会了吹牛说大话。

大学毕业几年，杜雷没有在职场上学到新本领，倒是丢掉了很多优点。此后，杜雷在各个公司之间打转，成为一个职场"混子"，要么过不了试用期，要么虽然过了试用期，但是人家给的就是刚进入职场的大学生的工资。杜雷有意见也没有招，他不明白自己好歹也是有好几年职场工作经验的人，怎么身价这么低廉呢。

职场是个大浪淘沙的地方，有相当一部分人都像杜雷一样，逐渐被"淘掉"，逐渐被边缘化，这样的人在职场上寿命非常短。时间久了，人家见他的工作能力与年龄严重不匹配，就会拒绝录用，职场的道路注定会很艰辛。

职场中，会遇到"舒适"的环境，也会遇到一些有着各种"职场缺点"的同事，如果不严格要求自己，就会染上同事的职场缺点，使自己在职场中贬值。

职场中，一定要严格要求自己，力求不断进步，千万不要随波逐流，让自己的优点被别人的缺点所"侵蚀"、所"同化"，保持清醒的头脑和奋进的精神，才能成为职场上的"常青树"，才能够笑傲职场。

第8节　没人眼瞎，只是你不够亮

堂弟从上海一所著名的理工大学毕业后，兴致勃勃地来到北京求职。没有想到，现实并没有他预想得那么好，本来觉得自己这种重点理工大学毕业的硕士生，应该有很多企业争着抢着要，没有想到，费时差不多一个月才磕磕绊绊地找了份工作，在一家公司做研发助理。工作职责就是开会的时候做记录；讨论工作的时候，整理大家的发言；把研发部每天的工作进度形成文字汇报给老总；填请购单、领料、领办公用品，等等。做的都是辅助工作，并没有真正进入到研发队伍中去，即没有学以致用。

半年后，堂弟找到我，说："我准备辞职。"我问他找好下家单位了没有，堂弟说："没有，就是一天都不想在这待下去了，太没有意思了！太不得志了，我感觉领导都挺没有眼光的！"我听后就乐了，"你的意思是你们的小领导、大领导都是眼瞎了呗？"堂弟认真地点点头："嗯，是这样的！"

我问道："怎么证明领导们是眼瞎？"堂弟不服气地说道："不管是晨会还是每周五晚上的例会，或者是每天下班前的总结会，我都参加了，因为我要伺候他们，给这些大爷做会议记录啊！有些他们目前解决不了的问题，其实我是有办法解决的，但是，我就不说，你们这些大爷不是牛吗？一个个是什么工程师、研发部经理、研发部副经理的，你们自己解决好了，还有我们老总，也经常参加我们的会议，但是，参加会议的时候，根本不正眼看我一眼，好像我是个多余的人！"

我严肃地问道："既然你们老总经常参加会议，那你为什么不说说你对研发中一些问题的看法？"堂弟说："就我们老总那没有眼光的样子，我才懒得卖力呢！"

我说道："你错了，不是别人眼瞎，是你自己不够亮。你自己不够亮，凭什么让别人关注你？"我的话估计在堂弟的心中引起了震撼，他像被点了穴一般目瞪口呆。

堂弟再不提辞职的事情了。从此，堂弟换了脑筋改了思路，开会的时候，发言也积极了。一天，老板参加研发部的会议。当大家在会议上为讨论某个技术难点而焦头烂额、各种纠结的时候，堂弟很谦虚地插话了："陈总，关于这个问题，我可以讲几句不？"反正听这小伙子讲讲也没有什么坏处，老板挥挥手："各抒己见，讲吧！"堂弟就讲了他解决问题的办法。老板也是技术出身，一听这小伙子讲得这么有价值，立刻惊喜交加，对我堂弟刮目相看。然后又从研发部经理那里打听到我堂弟是理工大学硕士研究生毕业，老板对研发部经理就有意见了，觉得这么优秀的人才，研发部经理没有利用好："为什么让他当研发助理？为什么不进入正儿八经的研发团队？"根据我堂弟的建议，研发中遇到的那个难题很快迎刃而解了，研发部经理很是尴尬，为了避免自己妒贤嫉能的嫌疑，他赶紧提出让我堂弟加入研发团队，老板自然同意。

就这样，我堂弟正式加入公司的研发团队，很快成为技术骨干，为公司几款产品的研发立下了汗马功劳。一年后，公司成立了研发二部，我堂弟被提拔为研发二部的经理。

职场小贴士：

职场中，一些把"才"放在"怀"里的人到处感叹自己"怀才不遇"，埋怨别人都是"瞎眼"，但是，为什么要把"才"掖在怀里藏着？为什么不拿出来让大家见识见识呢？很多时候，不是别人瞎了眼，而是你自己不够亮！

第9节　小病号不要送到大病房

赵菲是家公司的策划部经理，作为部门经理，很多时候她需要独当一面为老总分忧，但是，为了职场上"不犯错误"，她总是事事都向老总请示汇报，请老总定夺。

今年"三八"妇女节那天，公司为了丰富员工的业余文化生活，组织了一场以女员工为主的联欢会。为了鼓励女员工积极踊跃地参加，公司出钱给参加联欢会的女员工每人定做一套西服，算是参加联欢会的演出服，演出结束，这些服装就送给个人当做奖励。

对于服装的颜色，女员工们的意见不统一，有的人说深灰色，有的人说黑色，说这两种颜色的人都希望西服的颜色能庄重一些，以后既能当上班的工作制服，又能在其他重要场合下穿。但是，一些人主张选红色，说是很喜庆，妇女节是女同志的节日，大家就应该穿喜庆些。当然，还有少数人建议的是其他的颜色。本来可以举手表决，然后少数服从多数就行了，但是，为了"稳妥"，赵菲把大家的建议整理出来后，向老总汇报，请老总定夺。老总觉得每个人的建议都有一定的道理，在那翻来覆去地琢磨，琢磨了半天，老总大手一挥："做成深灰色的，穿起来端庄大方！"于是，赵菲就按照老总的指示定做了衣服。一些人见自己的建议没有被采纳，就在单位发牢骚。赵菲说："别发牢骚了，这颜色是老总决定的。"大家才不吭声了。

为了配合公司一款产品的上市，公司策划了一次媒体发布会，具体由策划部负责实施。公司派了宝马和奔驰各一辆前去机场接媒体的记者。但是，在去的路上，宝马车司机违章，在抢道的时候和一辆公交车发生了擦撞，虽然没有大问题，但是，宝马车的车头瘪了一块。为了维护公司形象，这辆车显然是不能去机场接客人了。司机给赵菲打电话解释情况，并主动提供了租车公司的电话，建议赵菲租辆高档车救急。

赵菲赶紧打电话向老总汇报这个情况，老总此时正和先期到达的一些同行业公司的老总以及媒体记者愉快交流，大家交谈得很是开心，说话的声音比较大，老总没有听到自己的手机声。赵菲反复拨打后，见老总不接电话，于是，她就给一个副总打电话，让副总通知老总接电话。见副总专门走到跟前提醒自己接电话，老总的心一沉，不知道发生了多严重的事情，后来知道赵菲就是咨询要不要租辆车。老总非常生气："这点事情还需要问我啊？不是很明显嘛！必须租辆车，要不然，怎么接人？"说完，老总气呼呼地挂了电话，他觉得这个赵菲什么小事都向自己汇报，简直就是"小病号往人病房推"，为的就是逃避责任！

时间久了，老总被赵菲"请示"得烦不胜烦，一气之下就撤了赵菲的职务，提拔了一个有主见敢担当的员工当了策划部经理。

职场中，部门经理是老总手下独当一面的大将，是为老总分担工作压力的人。但是，一些部门经理(主管)为了自己少犯错误或者不犯错误，再小的事情也向老总汇报，请老总决定，以逃避万一事情办砸后的责任。这样不敢担当没有责任心的员工，老总是不会重用的。因此，职场中切记：千万不要把"小病号送进大病房"，请老总亲自"治疗"。

第 10 节 工作就得"势利眼"

柳玲是家公司行政部的职员。她接替的是前任的工作，负责公司员工宿舍的维护、办公用品的购买、出差人员的飞机票预订等工作。

柳玲工作很是勤奋，每天早晨到了办公室，她先把办公室打扫得干干净净，然后拿着喷壶浇办公室内的花草；接着，她就一趟一趟地往物业跑，为的是能在第一时间取回本公司的报刊以及信件；公司的快递都是送到行政部集中发送的，为了避免发送出去的快递在货场上受损，柳玲就用胶带给包装箱再次加固。

柳玲工作很敬业，但是，很多同事对她非常不满，总说她办事情拖拉，工作效率非常低，甚至还有人当面指责她上班就是为了"磨洋工混日子"，这让柳玲非常委屈。

一天中午，生产基地的主管气冲冲地过来质问柳玲："你是不是拿我们一线工人不当一回事？我们男工宿舍的空调坏了两个，和你反映多次了，你总是说找人维修，半个月过去了，也没有见人去维修！员工夜里热得睡不好觉，白天上班的时候打瞌睡，如果出了工伤事故，算谁的责任？"柳玲生气地说："我这不是忙不过来吗？还没有抽出时间找师傅去维修呢！"柳玲的部门经理在一边劝慰生产主管，说自己亲自找维修师傅去，生产主管这才气呼呼地离去。

生产主管走后，柳玲的部门经理生气地说："你怎么回事啊，工作干得一塌糊涂？为什么这几个月的飞机票费用比以前多了很多，而公司人员出差次数并没有增加？你的前任负责的时候，每月的飞机票总额只是你的百分之七十左右，到底怎么回事？"见柳玲自己也说不出原因，行政经理很是生气，立刻给固定的飞机订票处打电话寻求答案，对方告知："以前你们负责这项工作的员工总是提前十天左右订票，那个时候飞机票折扣比较高，但是，你们目前负责此项工作的柳玲一般只是提前两三天，有的甚至是白天订购当天晚上的飞机，如果这样的话，折扣就非常低，有的时候，甚至是全价不打折。"原因找出来了，行政经理非常恼火："柳玲，你以后能不能讲究点干工作的方式方法？工作是需要'势利眼'的，越重要的工作越要及时干，越不重要的工作越是可以往后拖。你倒好，整天把精力放在扫地、浇花、包装快递上去了，你不另外包扎，人家快递公司照样能准确寄达！但是，你如果不及时打电话找维修师傅，宿舍的空调就不能及时修好；如果你不能及时给订票处打电话，公司出差人员就不能享受非常优惠的打折机票，公司就不能够做到节约开支……"听到自己的上司这么教导自己，柳玲的心里豁然开朗，明白了自己以前干工作属于"眉毛胡子一把抓"类型的，根本没有分清楚主次，所以把自己的工作干得很糟糕。

职场中，很多人干工作不分轻重缓急，所有要办的事情统统"同等对待"，这是极其错误的。工作中一定要有"势利眼"，重要的事情先做，次要的事情后做，采用这样有"眼力"的工作方式才能大大提高工作效率！这样有眼力的员工也会受到重用，才会在职场上有好的发展。

19

第二章

做一天和尚就应该撞一天钟

第1节 "小饭馆"里也要修炼成"大厨师"

田峰大学毕业后，进入一家小型广告公司做网管，工作就是定期给大家的电脑杀杀毒，或者是在电脑出了小问题后修理一下。如果电脑出了大毛病，田峰负责联系专业维修人员修理。但是，公司的电脑一般是没有问题的，因此，田峰的工作很是清闲。毕业于名校，拿着低薪干着清闲的工作，田峰觉得自己简直是在浪费青春。

田峰公司附近有家小饭馆，别看小，生意却特别得火爆，因为里面有个很牛的厨师。这个厨师喜欢钻研，自己独创了几道拿手菜。很多人就是冲着这几道拿手菜去的。每到中午或者下午吃饭的时间段，饭店坐满了客人，外面放着好多椅子，以供等着进店用餐的客人排号。店里有人用完餐离开，服务员就按顺序叫号，让外面的顾客进店用餐。

饭店的招牌很有意思，名字就叫"小饭馆大厨师"。"大厨师"以前就是这个饭馆的小厨师，他精心研究出几道菜以后，饭店的生意开始火爆起来。为了留住这个已经修炼成"大厨师"的员工，老板连读多次大幅度地给他涨工资。据说，如今这个厨师的月薪已经将近两万元。

知道这个故事后，工作一直很消极的田峰像换了个人一样，工作变得非常积极主动起来。公司为了节省开支，并没有建网站的打算。但是，田峰在没有增加工资的情况下，主动给公司建立了网站，并且精心设计了多个版块，对公司的业务进行了详细的介绍。

为了把公司的产品拍成相片传到公司网站上，田峰还自费买了台像素很高的数码相机。大家取笑田峰是"掏自己的腰包办公家的事情"。听到别人的嘲讽，田峰笑而不语。

后来，田峰觉得既然建网站了，就要让网站更加有影响力，于是，他把公司的资料以及成功案例翻译成英文，又添加了一些精美的产品图片，在公司网站上建立了英文版。

为了扩大网站的知名度，田峰还注册了一个网名，网名下面注有公司的网址，然后用网名在一些大型广告公司的网站上故意留下闲逛的"脚印"，以方便其他人回访。

田峰不但让网站的足迹频频留在各大广告公司网站的论坛里，并且他还经常给一些企业网站信箱发电子邮件，邀请对方关注自己公司的网站。

在田峰的精心经营下，公司网站的人气很快旺盛起来，居然有人通过网站上留的 QQ 号和田峰商谈业务上的事情。

为了把公司发展起来，公司老总鼓励大家都开展业务，不管是专职业务人员还是财务或者行政人员，只要拉来广告，公司都给提成。

于是，田峰开始在网上和别人谈生意，每个月都能谈成好几笔，能给公司创造上百万的业务量。更为传奇的是，一家外国人在中国开办的公司，居然也"慕名"找到田峰，经过一番商谈后，田峰和对方签订了 12 万美元的业务合同，这是公司建立以来第一次挣美元，全公司上下非常振奋。老总很兴奋，当对方把广告款打来后，老总专门从银行提出 5000 美元给田峰，算是给他额外发个红包。

很快，田峰这个传奇网管在业内就非常出名了。后来，一家跨国大企业开出 50 万的年薪把田峰挖走做网络销售部的主管。临离开这家广告公司的时候，田峰前去那个"小饭馆大厨师"吃了顿饭，算是一种纪念。他非常感谢这家小饭馆里的那个大厨师让他领悟到"修炼"的重要性。

职场中的一些人，特别是刚刚进入职场的新人，因为自己的实力不够，或者是因为自己暂时还没找到好的机会而不得不先在一家小单位待着的时候，常常感叹自己"心比天高，命比纸薄"，然后在这种低沉的情绪中怠慢工作，这样的思想觉悟、这样的工作状态会严重地阻碍职场进步。进了"小饭馆"也要立志修炼成"大厨师"，进入小公司，也要修炼为行业高手，这样的工作态度才配得上拥有无量的职场前途。

第2节　做一天和尚就应该撞一天钟

柳杰是一家公司的行政部职员，因为工作认真勤奋，又有着几年的工作经验，被一家新成立的公司老总相中，挖他去做行政部主管，工资是他当时工资的两倍，并且希望他能够早点到位。

柳杰原来的公司规定员工辞职必须提前一个月告知，以方便公司安排人交接工作。

公司招聘了一个新人接手柳杰的工作，柳杰每天不但细心地交接自己以前负责的工作，并且非常耐心地向新人传授自己的工作经验。有时候，新人出去办公事，柳杰还陪同对方去，以方便在工作细节方面给予及时指点，很有种职场老人扶新人上马走一程的风度。

这个新人悟性还是比较高的，半个月后，就已经很熟悉自己负责的工作了。

柳杰离正式离职还有半个月的时间，以前要离开的同事一般就在单位里耗时间，要么上网浏览网页，要么就在网上聊天，反正就是把剩下的"合同期"日子耗完，然后走人。

柳杰不是这样，他把自己的工作交出去以后，并没有消极地在单位耗时间，而是主动找活干。例如，公司仓库需要盘点，他就前去帮忙搬移货物，整天忙得满头大汗；市场部需要紧急往外寄出一批货物，寄出前需要用纸箱包装好，柳杰帮忙包装；柳杰在公司上班的最后一天，公司的行政部代表公司去参加一个行业内的展会，柳杰不是在办公室里躲清闲，而是前去展会现场积极地散发公司的宣传资料。

那天，老总也在展会现场，面对这么一个工作到"最后一天"即将离职的员工，老总开玩笑道："谢谢柳杰战斗到最后一刻！"柳杰不好意思地说："这都是我应该做的，做一天和尚就应该撞一天钟，不能因为我就要走了而不撞钟了！"老总听柳杰这么说，感慨地拍了拍他的肩膀："你这么好的员工，我真的不舍得放你走，这样吧，我给你涨一倍的工资，提拔你当行政部的副主管，你还在这干，可以吗？"柳杰不好意思地说："谢谢老总，可是，我已经与那边签了劳动合同了，不去不合适吧？"老总长叹了口气："不管什么时候，咱们公司永远向你敞开大门，欢迎你随时回来。"

柳杰离开一年后，当初挖他去的那家公司因为合伙股东在经营理念等方面意见不统一，各自撤去资金，导致公司关门了。

老总知道这个消息后，赶紧打电话联系柳杰，于是，柳杰又回到了原公司，并且得到了重用，被老总派往武汉分公司担任经理。

职场上，很多人"做着和尚"，但是却懒得"撞钟"，辞职交接期间更是"不撞钟"。只有"做一天和尚撞一天钟"的有责任心的员工，才会在职场上得到重用，才会获得更好的更重要的"钟"去撞。

23

第3节　认真你就赢了

有句歪理邪说"认真你就输了"，这是句非常讨厌的话，传递着负能量。其实，"认真你就赢了"这句话在职场中才更是真理。

小宋的文凭只是一般本科。在人才济济的大上海，这个学历只能算中等偏下。最后，她在一家私立小学找到了工作，本职不是任课老师，而是生活老师，就是照顾孩子吃饭、看护孩子睡觉。大家称之为保姆老师，这虽是调侃，但实质上就是如此。小宋却工作得非常认真。

学校是寄宿制，每个星期五下午，学校会有班车送孩子回家，也有一些家长亲自来接孩子。

经常因为堵车、单位开会延时等原因，家长没有及时来接孩子回家，小宋从不着急，她把孩子带到食堂吃完饭，然后看着孩子在办公室写作业。在所有的生活老师中，小宋是最认真的。

有一次，小宋负责照顾的学生有的坐校车走了，有的被父母开车接走了，只有一个女同学苗苗的父亲说来接却一直没有来，因为他临时需要见一个客户并签订一个比较大的合同。女孩的妈妈更是超忙，是个女强人，在国外正出差。后来是保姆过来接的。小宋见这保姆平时好像不是经常出门，属于老实在家干家务的那种，怕孩子有闪失，就和保姆一起打车送孩子回家。一直把这个女孩送到家后，小宋才坐地铁回家。

苗苗的父亲为了孩子上学方便，后来干脆在学校附近买了套房子，每天由保姆接送孩子。

苗苗的父亲没有忘记孩子的那个非常认真的生活老师，他用高于学校一倍的工资把小宋聘请到公司里做行政部经理。行政部的工作都是非常繁琐的，缺乏认真态度，还真干不好。

公司的办公用品，以前有固定的文具零售商前来送货，小宋到了行政部后，根本不让别人送货，而是自己去文具市场批发；以前公司对领文具没有限制，造成有些人一天领一次圆珠笔，圆珠笔好像变成一次性的，用完就丢。小宋规定每个员工每月只能领一支圆珠笔。如果圆珠笔芯不下水，可以免费更换一只笔芯；如果想多领，只能去财务部先交钱。虽然看起来这个规定非常搞笑，但是，每个月为公司节省了七千多元却是真的，可见以前送货上门的商品价格之高以及平时浪费之厉害。这样下来，一年就能节省九万元左右。

公司每天都会有大量的快递寄出去，以前是家小快递公司承揽下这里的业务，但是，他们在全国范围内的网点非常少，经常从这里收到快递后，然后再倒腾给大快递公司发送，这么一倒腾，就很耽搁时间，快递变成慢递了，严重影响了公司的业务。小宋了解到这个情况后，就把这家公司换掉了，这家公司的业务人员几次偷偷地塞红包给小宋，都被小宋坚决地拒绝了。

小宋坚持原则，有一次，市场部主管想多领一支笔，没有领到，觉得很丢面子，非常恼火地发脾气，小宋和她吵了起来。

事情传到老总耳朵里，老总觉得可笑之后又觉得可敬，既然小宋这么负责，那就让她负责生产基地吧，近期产品的质量明显下降了，让她去生产基地当主任，相信她能把好关。

小宋到公司的生产基地当主任后，制定了严格的制度：若产品报废，工人就要承担这个报废产品的原材料的费用，因为原材料本身是有价值的，经过工人的手却变成了废品；废品超过一定数量后，扣除当月奖金。

小宋是个很认真、眼睛揉不得沙子的人，制定了制度后就坚决地认真执行，很快，工人们工作的态度就变得认真了，再也不敢像以前那样边说说笑笑边工作了，再也不敢把产品报废当成无所谓的事情了，公司的产品合格率大幅度地上升，自然为公司节省了很大的物力和人力，也为公司节省了很多生产成本。

再后来，小宋被老总提拔为副总，负责公司的全面工作，老总腾出了时间和精力开办了另外一家公司。

职场小贴士：

25

小宋的故事告诉我们：认真做人、认真工作，才能体现出人生价值，只有把人生价值体现出来了，你才算赢。因此，认真你就赢了。

第4节 职场中人需要处理好的五种"情事"

现在生活成本高、压力大，很多人被诸多的情事所困扰，弄得自己身心疲惫、烦不胜烦，一些人为此得了抑郁症，甚至导致更加严重的后果。要想调解好心情，有个健康平和的心态，需要每个职场中人处理好自己的"情事"。

一、父母的病情

高茹是家合资企业的部门主管，她每个星期都会给父母打电话，问问他们的身体情况。父亲有工作，有医保。母亲没有工作，高茹利用休年假的机会，专门给母亲办了医疗保险。虽然母亲嘴上唠叨："一年就交好几千，怪贵的，花那钱干什么？"但是，高茹注意到，母亲内心还是很欣慰、很踏实的。

有病靠"三分治，七分养"，可见，心情对人的健康是非常重要的，病人如此，健康的人也是这样。一些人心情不好，时间久了，就积郁成疾。所以，让父母心情好很重要。尽量给没有医疗保险的父母交保险，有保险的，也要定期寄些钱，哪怕父母不需要钱，从邮局取了后还存进银行，但是，孝心还是很让父母欣慰的。让年迈的父母有安全感，让他们心情愉快，养出健康身体，比什么都重要。如果父母一人一年得一次大病，自己需要回家护理，工作肯定会大受影响。

呵护父母健康，后方安定了，自己才能将更多的精力和时间用在工作上。不管男女，55 岁以后，身体都会走下坡路。一定要关心父母的健康，不时打电话提醒他们注意饮食健康，以预防为主。一般病痛总是与"穷困"相伴，但再穷也不能穷父母。有了好的心情和时间，多在职场上奋斗，就行了。

二、爱人的感情

黄杰是家外企的销售员，经常全国各地地跑。为了做成业务，他经常陪客户吃饭、喝酒。为了让客户喝得满意，他经常在"酒桌"上豪饮。好几次都因为喝得胃出血，住进了医院。虽然销售提成比例可观，但是，公司规定的有任务，如果完不成任务，销售提成会大打折扣的。

黄杰的女朋友是家公司的行政人员，与公司的各个部门打的交道很多，矛盾也很多。黄杰每次出差回来，都会听到女朋友诉苦，感觉压力特别大。一次，他出差在外，女朋友打他手机，他一直没接。她的火气就上来了，就一直打，后来终于有人接听了，却是一个陌生男人，他说黄杰喝多了，喝得胃出血。

黄杰女朋友这才明白，为什么黄杰出差回来，带着她参加同学聚会或者老乡聚会时都不愿意喝酒，那是他在外面喝酒喝怕了。她的眼泪一下子就流了出来，反省自己后，她决定以后尽量少发牢骚，不把男友当成情绪垃圾桶。他自己经常出外求爷爷告奶奶地跑业务，本身烦心事已经够多的了，自己怎么可以还去给他添堵呢？

从此，她常常去健身房健身，主要目的就是减压，还经常和大学闺密去练歌房唱唱歌，她喜欢唱那些高音的歌曲，目的就是把心中的浊气给吼出来。

现代生活，大家的压力都大，都有自己各种各样的烦恼，要尽量自己想办法缓解，不要总想着让对方理解，也要学会理解对方。职场中人，不要因为个人的心情不好而向对方发脾气，那样，只能像两只小刺猬一样，互相伤害。

给自己的坏情绪找一个合适的出口，不伤害自己的爱人，这样才不会烦上加烦。

三、上司的表情

陈静是个老员工，当初叶红刚来公司试用的时候，还是陈静带的她。没想到，叶红的工作潜力很大，试用期正式通过后，很快脱颖而出。两年之后，叶红居然被提拔为自己的上司。开始的时候，陈静非常不服气，处处与叶红作对。很快，叶红也没有以前的谦恭了，在工作上开始对陈静横加指责，弄得陈静面子上非常过不去。陈静一生气，请假几天，在家休息。

休息的几天，陈静的心态平和了下来。"多年的媳妇熬成婆"，那是自然现象，但是，在企业里还是需要论水平、论能力的。叶红当主管，是老总任命的；管理下属，也是叶红的责任。自己心态的不平衡和不以为然，激怒了她，她才反戈一击的。其实，她刚上任的时候，对自己还是很客气的。

　　陈静理清了头绪，上班以后，她诚恳地找了个机会，与叶红单独谈了一次，她说自己近期家里琐事太多，心情不好，工作上有些情绪，这是不对的，以后不会把情绪带到单位里和工作中去了，一定好好支持叶红的工作。她这番话让叶红很是感动，两人一笑化干戈。从此，陈静心态积极，工作认真。叶红也是个按套路出牌的聪明人，能关照陈静的，一般还是给予关照的。两个人的关系很快亲密起来。

　　后来，叶红受命组建一个分公司，临走前，把陈静推荐给老总，说了很多好话。于是，老总就把陈静提拔为部门主管，顶替了叶红的那个位置。

　　职场上，和为贵，当上司的脸色不对的时候，不要一味地有抵触情绪，要么辞职走人，要么好好反省自己，调整好自己的心态，把自己的个性收敛起来，与上司搞好关系。

四、下属的心情

　　黄秋涵是家公司的研发部经理。他手下有个叫陈博的员工，上海交通大学毕业的硕士生。陈博肯钻研，做事情认真，工作态度很严谨。来公司两年来，他已经独立完成了好几项技术革新，为公司创造了很多的利润。老总非常满意，在大会上给予黄秋涵好几次表扬，说是他领导得好。

　　近期，陈博的情绪非常低落，干工作的时候老是走神。黄秋涵仔细询问后，陈博才吞吞吐吐地说自己刚贷款买了房子，父亲又生病住院了，自己的经济压力很大，心情特别不好。黄秋涵一听，赶紧和老总说了陈博的实际情况，觉得以前公司有些疏忽他的贡献。老总听从了黄秋涵的建议，给陈博涨了一千多元的工资，另外，还给了两万元的奖金。陈博的工作积极性立刻提高了。

　　能力再强的上司，手下也需要几个骨干，要不然，部门的工作就没办法开展。体贴下属，照顾下属的心情，尽量给他(她)争取点应该得到的利益，不埋没下属的功劳，这样的上司，才能得到下属的拥护，才能让下属死心塌地跟着他干。

五、自己的行情

林萍在一家外企行政部做职员已经三年了。公司的行政工作不像销售、技术、财务等工作那样技术含量高。她这个行政工作，有点类似于打杂，简单培训一个新人，都可以接下来，这样的工作太没有职场安全感了。考虑再三，林萍报考了人力资源管理师，直接考的中级职称。两年后，高级职称也考下来了。

有了证书，又因为有着多年的经验，她的底气一下子足了起来，很快跳槽去了一家新公司做人力资源部主管，工资是以前的两倍。

人在职场，特别是在一个单位干久了、干顺了，就缺乏了进取心。这样是非常危险的，只有清楚知道自己的行情，清楚自己的职场前途，对自己有个远景规划，才能在职场中变被动为主动。

29

第 5 节　故人相见，且慢惊喜

冯彤跳槽到一家大型投资公司的行政部做文员。入职第一天，按照规矩，部门主管把新人冯彤引见给大家。在这里，冯彤意外地发现三年前的一个同事林萍居然在同一部门，她们居然又成了新同事。冯彤心里很是激动，她正准备说："林萍是我以前的同事，我们三年前就认识，这世界真小啊！"但是，转念一想，三年没有联系了，不知道林萍的性格改变了没有，不知道她隐瞒了以前那家小公司的工作经历了没有，另外，也不知道她与这边的同事相处得怎么样。冯彤飞快地想完这些问题后，礼貌地微笑着冲林萍点了点头："希望以后多多关照。"林萍同样也是假装初次见面的样子，寒暄道："客气客气，互相帮助，一起进步！"看着林萍这么打哈哈，冯彤明白自己没有表现出惊喜是对的。

后来，冯彤从同事中了解到，林萍居然说自己三年前在一家英资投资公司里做过行政工作。林萍是一般本科毕业，但是，她居然说自己是"海归"，在英格兰一所大学里取得了管理学的硕士学位。这个谎撒得更离谱，因为冯彤和林萍的一个共同朋友就是林萍在国内那所普通本科院校的校友，林萍从来没有出过国，什么时候在国外获得管理学硕士了？不过，林萍还真向现在的公司提供过一张英格兰大学的学历证书的复印件。冯彤猜想，这个学历肯定是花钱买的。

因为说自己几年前就在外企工作过，再加上"海归"背景，林萍一直想升职为部门主管，因此，她与部门主管的关系非常僵。再加上林萍喜欢搬弄是非，于是，在同事间人缘也非常差，大家平时对她比较疏远。

这个时候，冯彤暗暗庆幸自己没有和林萍表现得很熟识。因为冯彤知道林萍的工作经历和学历都是假的，林萍也就不敢承认自己以前认识冯彤，于是，两人相安无事。

又过了半年，由于林萍和部门主管的矛盾非常尖锐，已经不可调和到必须走一人的地步。老总从总体考虑，毫不犹豫地留下了主管，林萍黯然离去。

因为当初故人相见，没有表现出惊喜，也就没有透露出是熟人的信息。于是，冯彤也算是在新的公司没有莫名其妙地给自己惹上麻烦。

职场中，如果在新的单位遇到故人，一定不要忙着惊喜，因为在两人没有交往的这段时间里，你不知道这个人品行是不是变得比较糟糕，你也不知道此人在公司里是不是领导的"眼中钉"或者是同事眼中的"讨厌鬼"，你更不知道此人在新公司里是不是隐瞒了实际的工作经历以及实际的学历、家庭背景，等等。因此，职场中，故人相见，且慢惊喜。如果确定可以做志同道合的好朋友，确定"相认"不会给对方以及自己带来不必要的麻烦，那么，以后在公司里公开关系也不晚。

第 6 节　人在职场，才美更要外现

我楼上邻居家的儿子大学毕业好几年了，一直在一家小型广告公司上班，工资、待遇都很一般。有时候我去楼上串门，这小伙子就喋喋不休地向我发牢骚："我觉得我很有能力啊，为什么总是得不到老板的重用呢？

为什么工资老涨不上去呢？"那个时候，我以为这小伙子是能力一般而空发牢骚的人，于是就敷衍着劝说他几句。没有想到的是，近期，因为偶然的"才美外现"，他居然被另外一家大型广告公司老板高薪挖走了。

事情经过是这样的：我们的小区物业服务质量非常差，物业费却奇高，近期居然要把小区的公共用地当做收费停车场出售给一小部分业主作固定车位(以前是临时车位，先到先停，免费)，这引起了大多数业主的愤怒，一些业主在我们小区的业主群里提议大家抵制物业的乱收费行为。

一天上午，在业主群里聊天的时候，楼上的小伙子发了两张他自己设计的样图。一张设计图是这样的：图上方画了个坚定的高举的拳头，拳头右上角写着"坚决抵制某某物业乱收费行为"；图中间以顺口溜的形式列出了物业的罪状，顺口溜内容非常贴切、非常押韵；图下方是业主们群情激奋地高呼"抵制"、"抗议"等口号的画面。另外一张图号召大家尽快成立小区业主委员会。图上方是几只手交织在一起，表明"团结"；中间是用"温馨"、"和谐"、"建设美好家园"等关键词组成的红色的"心"形图案；图下方是成立业主委员会后，大家快乐幸福地在小区内生活的场景。

这两张样图得到了大家的认可。小伙子很受鼓舞："正好今天我休假，马上我就制作易拉宝(立式宣传海报)去"。下午下班回家，小伙子已经把易拉宝制作出来了，立在小区门口，很多小区业主围在前面看，大家都很振奋。

我们小区一位业主是一家大型广告公司的老板，很认可小伙子的设计能力，觉得这设计图很多细节做得非常好，并且小伙子执行力非常强，上午做好设计图，下午就把易拉宝做出来并且摆放到了小区门口。

小伙子以前的工资是每月 4500 元，这家大型广告公司的老板给出了高一倍的工资，月薪 9000 元把小伙子挖到他公司做设计去了。

从小伙子的这个故事中我们可以看出，才美外现非常重要，只有展示出自己的能力，才会得到更多人的认可和器重，在职场上才会有更好的发展机会。

前天在回家等电梯的时候，我和小伙子相遇了，我问他："你既然设

31

计做得这么好，工作效率也高，这些年怎么没有跳槽到更好的同行公司去啊？"小伙子不好意思地说："这得怪我自己，我的工资一直不高，我就觉得老板给我出什么样的工资，我就给他干什么档次的活，于是，为了和我的'很一般的工资'相匹配，我做出的工作也是'很一般'，正是因为以前的想法错误，使得我们公司的老板一直看不到我的工作潜力，其他的同行公司更是不了解我，所以，我一直没有更好的机会。如果不是咱们小区的物业把我气得够呛，我也不会把那两幅设计图做得那么认真。我当时就是想把设计图效果做得好一些，让小区的业主们都能迅速统一思想团结起来，没有想到，居然遇到了'高薪挖人'这一意外之喜！"

这个小伙子其实有些可惜，因为如果他当初不计较工资高低，如果能够勤奋工作，能够显示出自己的实际工作能力，那么，他早就获得原公司的加薪重用，或者早就被其他的同行公司当做人才挖走了。

职场中，因为"工资一般"而不愿意展现实际工作能力的员工大有人在，他们觉得老板每月给"多少钱"的工资，就给他干"多少钱"的工作，但是，这种目光短浅的做法实在是在很长时间内淹没了许多人的才华，使得他们没有及时地得到职场上应有的重用。

如果觉得自己是职场千里马，那就让职场伯乐看出你疾驰的能力吧！如果觉得自己是个人才，那就让自己的才美外现出来，给自己一些"被赏识"、"被提拔"、"被重用"的机会吧！只有这样，才不至于给自己留下深深的遗憾和后悔！

第7节　贵人为何不出手

田凌是家公司的人力资源部经理，当初部门里的人事助理跳槽后，她就把同学常菲菲招进了本部门做人事助理。

常菲菲大学毕业后，短短四年的时间，已经换了六份工作。她经常感叹自己命苦，抱怨自己没有遇到贵人，导致在哪里上班都很不得志。

　　因为是大学同学，又是当初同宿舍的上下铺好友，田凌见常菲菲在职场上如此失落，于是就把她招进了公司。工资 5000 元，比上家公司的工资多 500 元。

　　现在的公司是家行业内很有名气的外企，常菲菲被招进来后，不管是从职场前程还是眼前的实惠来说，田凌都觉得这应该是皆大欢喜的事情。没有想到，常菲菲来到公司才半个月，就感叹工资少，让田凌帮助她向老板提提，给她的工资涨到 6000 元。田凌就劝说道："你刚来公司，暂时还没有做出突出的工作成绩，我怎么开口向老总提出给你涨工资？"常菲菲不说话了。

　　不过，还没有消停几天，常菲菲又要求田凌帮她涨工资。常菲菲觉得田凌不是外人，于是就拉着她的手推心置腹地说："你看啊，咱俩都是同学，你如今的月工资 15 000 元，咱们俩当初在大学时还上下铺呢，工资拉这么大的距离，太伤我面子了，把我的工资涨到 6000 元，好歹能缩小点咱们的差距啊！"

　　田凌耐心开导她："我毕业后一直在这个公司上班，我是既有功劳又有苦劳的，我的工资也是凭业绩一步步涨上来的，你先好好干工作，干好了，拿成绩说话，你的工资自然会涨上去的。"好歹把常菲菲的情绪劝稳定了，这边，田凌心里很不舒服，心想：你常菲菲又不是职场新人，工作几年了，这么浅显的道理难道还需要给你普及？谁规定的大学一个班的同学工资就不能拉开大档次？职场本身就是个凭实力说话的地方，不想着把工作干好，老想着拿高薪，心态太浮躁！

　　过了一个月，常菲菲又要求田凌向公司申请涨工资。田凌有些恼火了，于是就绵里藏针地说："这样吧，你去和老板说要求涨工资，就说如果不涨你就辞职，如果老板觉得公司离不开你，肯定会给你涨！"常菲菲想了想："还是不讲了，如果老板不给我涨工资，话都说出去了，我只能走人了，还是别冒这个风险了！"田凌没有吭声。

　　常菲菲另外还有两个缺点：一是大嘴巴，心里藏不住事情，还喜欢评论单位的同事；二是工作不踏实，经常偷工减料、拖拖拉拉。因为是同学，田凌也不好意思说狠话，于是只好忍耐。

去年年初，因为部门的一个下属准备出国留学而辞职，田凌对公司前台高莉很有好感，觉得这小姑娘工作踏实，不爱多说话，从来不参与八卦话题，于是就向老总提议把前台招来。老总很快批准了。

前台是公司里工资最低的一个岗位，并且没有发展前途。高莉对田凌的帮助非常感谢，刚来的时候就给田凌买了条裙子，这让田凌非常感动。

转眼间，半年的时间过去了，虽然转岗了，但是公司一直没有给高莉涨工资，高莉自己也从来没有提过。

高莉租房子住，还得吃饭，期间生过一场病还花了不少钱。中午大家都是在附近饭店里吃饭，有段时间，高莉为了省钱，中午光吃方便面，长期这样下去，身体不是跨了吗？田凌再也看不下去了，主动写申请报告，希望公司能给高莉涨工资。报告很快下来了，公司给高莉每月涨了六百元工资。

涨工资的通知下来的第二天，高莉偷偷地送给了田凌一套化妆品，这套化妆品超市里卖将近一千元。田凌当时很感动也很震惊，因为对于一个为省钱而中午吃方便面的女孩来说，送这套化妆品真的非常大气。田凌开始的时候拒绝收下这件礼物，见高莉着急得眼泪都要掉下来了，田凌只得收下。田凌心里实在过意不去，于是在饭店里请高莉吃了顿大餐。吃饭的时候，高莉一再地说着感谢的话。

工作踏实，嘴巴严，做事还如此大气、如此感恩，田凌觉得高莉这个女孩不可小觑，值得自己以后用真心交往。

今年年初，当田凌被公司提拔为副总的时候，田凌毫不犹豫地推荐高莉接任人力资源部经理，老总很快批准了。一个前台转岗一年后就被提拔为部门经理，公司的很多人都说高莉是遇到职场贵人了。

职场上，很多人感叹自己"被埋没"，感叹自己没有遇到贵人。其实，每个人都会遇到贵人，只是贵人不是糊涂人，一般不会稀里糊涂地帮助人而已。贵人帮助人之前会仔细观察这个人，看看这个人的品行、工作能力以及有没有感恩之心。人品好、工作能力强又懂得感恩的人，哪个贵人见了都会喜欢，都会出手相帮的。因此，当你职场不得志、当你感叹自己"被埋没"的时候，你应该反省自己是不是贵人喜欢出手相助的那种人。

第8节 职场中巧"避雷"

职场中，作为员工和下属，谁也避免不了挨领导的批评，面对领导的大发脾气、雷霆震怒，作为员工和下属，应该如何减轻领导的怒火，应该如何"避雷"呢？以下是几种"避雷"措施。

一、态度良好

杨露是家外贸公司的会计，因为工作疏忽，没有及时付给生产厂家一批货款，按照合同，公司需要赔付生产厂家一定的违约金。财务主管灰头土脸地从老总办公室出来后，进了财务部，大发雷霆："杨露，这批货款，我月初的时候就反复提醒过你好几次，你说马上就去汇款，结果呢？这属于你工作的重大失职，你知道不知道？你还想不想干了？按照公司的规定以及你与公司签订的劳动合同中的敬业条款，公司立马就可以解雇你！"杨露立即说："对不起，对不起，是我的错，马上我就和老总说明，你前阶段就反复提醒我好几次，是我疏忽大意没有及时汇出！责任我一个人承担！"见杨露的认错态度好，财务主管的火气一下子消去很多，她沉默了一会，叹口气说："不管是谁的责任，事情已经出了，以后记住这次深刻教训就是了。以后每天要在台历上记下需要及时办理的工作内容。老总那里，你也别去说明了，老总正在气头上，你去了只能是找骂！"杨露连连说："好的，好的，等过几天，老总的气消了，我再找他解释。"杨露说完，用纸杯去饮水机处给财务主管倒了杯开水，双手捧着呈递给主管。主管见杨露认错态度很好，对她还这么恭敬，余下的气又消了大半，她挥挥手："算了，你工作吧，以后这样的事情不要再发生就是。"

职场小贴士：

当工作出现失误的时候，一定要敢于担当，一定要勇于承认自己的错误，并且表态以后不会再犯。俗话说"伸手不打笑脸人"，这个"笑脸"不是说真"笑"，而是指认错态度好。认错态度好，领导的火气自然就会消去许多，也就不会继续猛"批"了，领导的火气下去了，自然不会对下属"死抓不放"。

二、辨清"假雷"

一天，上海某家科技公司研发部经理宋林被老总打电话叫到办公室。宋林刚进门，老总就拍着桌子一顿怒斥："宋林，你怎么搞的？赵晓涛是许总公司的技术骨干，为什么把人家挖到咱们这里？"宋林当时心里就蒙了：这赵晓涛明明就是和那家公司的合同期满，自己奉老总的指示用高薪主动联系把他招进来的啊。宋林见老总办公室里坐着一位老板模样的中年男子，他立即明白过来，说道："唐总，这个赵晓涛是自己到咱公司应聘的啊，因为牵涉技术面试，人力资源部就让我过去面试。当时赵晓涛说自己在深圳的一家公司做研发，我面试的时候问他几个技术问题，觉得还行，就留用了！"老板叹气道："哪是从深圳过来的啊！"然后指指身边的那个中年男子，说道："赵晓涛以前在许总那边工作，许总和我是多年的朋友了。许总的公司也在上海，好了，这下弄明白了，误会消失了，你去工作吧。"

职场小贴士：

职场中，老板因为需要消除或降低与同行之间的怨气，会假装向下属发脾气，这个时候，下属一定要懂得领导的心思，一定要灵活地配合领导"演双簧"，配合得越好，领导的"火气"就会消除得越快。

三、"顶雷"而上

李品是家公司的仓库主管。一次，销售部接到一单生意，对方急等着用，要求一个星期内一定快递过去。因为时间赶得紧，销售部主管经过老总的批示后，把这单生意的发货直接交给公司仓库办理。

已经是第三天了，仓库还没有发货，离一个星期之限只有四天的时间了，销售部经理向老总汇报，意思是仓库那边有可能会延误发货，老总一听就上火了，到了仓库后不管三七二十一就发了一通火："你们都是干什么吃的？为什么工作效率这么低？"仓库主任没有一丝愧疚的意思，他气呼呼地搬了把椅子："老板，你说我们工作效率低，那你在这看着我们是怎么工作的。"

整个仓库连同主任在内，一共四个人，他们一个人负责清点、登记公司生产基地不断送来的产品，一个人负责清点、登记销售部不断派来的提货。剩下两个人就是埋头包装需要快递出去的产品。因为是数码产品，为了避免快递过程中受到损害，他们要在外包装上裹上一层塑料泡沫，然后装进纸箱内。为了避免纸箱内有空隙而造成数码产品在里面发生碰撞，还要往纸箱内填充一些旧报纸之类的物品。最后才封上箱子，缠上胶带。包装这样一个纸箱，至少需要两分钟，一个人一个小时也就能包装 30 个箱子，每人每个工作日也只能包装几百个，并且仓库已经连续两天加班，员工包装纸箱，手都磨出了血泡。老总看了一会，感觉很不好意思："人手太少，几千个包装箱真是太难为仓库工作人员了。"于是，老板亲自打电话让销售部经理派人前来支援。离开销售部的时候，老总不好意思地拍拍仓库主任的肩膀："真是辛苦你们了，我通知财务，这个月多给你们开些加班费。"

职场小贴士：

职场中，有时候领导没有了解到员工的工作强度而乱发脾气，这个时候，如果下属强硬一些，"顶雷"而上让老总看看自己的工作量，那么老总会发觉员工已经非常努力工作了，并不是自己开始认为的"磨洋工"，领导就会心生内疚和欣喜。内疚的是自己错怪下属了，欣喜的是下属干工作还是非常卖力的。内疚和欣喜之下，领导的火气自然会烟消云散。

第9节　别把自己"踢"成"皮球"

韩东是家大型广告公司策划部的员工。他在这家公司已经干了四年，经常在新员工面前以老员工自居。

因为是有工作经验的老员工，部门经理经常临时任命他为组长，然后让他带领几个人去做某项工作。一到这个时候，韩东最有精神，因为他可以名正言顺地指挥别人干活了，可以光明正大地"踢皮球"了，他的很多本职工作都被他"踢"给了新员工去做。新员工虽然心里很反感，但是碍于韩东是老员工，觉得他在公司里根基深，不能得罪，于是只得委曲求全。

策划部经常给一些公司做策划活动。部门经理常常把一些重任交给韩东，韩东一般都会踢皮球："我手里还有什么什么工作需要做，你把这个事情交给别人去做吧"。于是，部门经理就把这项重要工作安排给了其他人。有时候，韩东虽然不忙，但是他想偷懒，于是就向部门经理说："这项工作挺重要的，工作量也大，这样吧，你让小张和小王给我当助手吧。"部门经理一般都会同意。于是，这项策划的具体执行人就变成了小张和小王。两人辛苦写出策划方案，韩东看后，经过简单修改，加了一些不疼不痒的文字，然后就上交给部门经理。如果方案通过，就变成以韩东为主、助手为辅的团队成绩；如果方案通不过，韩东就当做传话筒，把部门经理的意见传达给新员工，然后要求新员工在什么时间之前必须修改好。

策划方案通过后，需要付诸实施，韩东也是让新员工去具体实施，自己乐得躲清闲。执行方案的过程中遇到的棘手事件，也都是新员工自己解决。

公司在不断地发展壮大，这些新员工在工作实践中不断成长起来，很多韩东踢来的皮球，其实给了他们更多的锻炼机会，使得他们在职场中更快更好地成长。

又过了两年，以前被韩东当做新人的部门同事已经在业务上成长起来了，他们不再理睬韩东在工作上的指手画脚。对于韩东提议让新人配合他的工作，已经不是新人的他们委婉拒绝。部门经理也知道之前的很多工作其实都是新人们具体干的，于是很不高兴，觉得韩东喜欢偷懒耍滑，于是就不给他指派新人了。

在职场上已经踢了两年皮球的韩东重新亲自担当重任的时候，才感觉自己功力退步很快，已经不能胜任手中的工作了。

韩东写出的策划方案受到领导的频频否决，领导总是说他的策划方案没有新意。是啊，大脑已经生锈两年了，确实想不出高超的策划方案出来，这让他很是尴尬和失落，还有惭愧。

再后来，不能够与公司一起发展、一起进步的韩东被公司解雇了。

离开公司那天，看到当初的新人已经在公司里成长为业务骨干，韩东明白这都是他们得到很多锻炼机会的结果。他们在频频的接皮球中进步了，而自己在频频的踢皮球中退步了。想到这，韩东非常羞愧。

职场中，有很多"韩东"这样的踢皮球之人，总是把很多工作踢给别人干，自己图个清闲自在。皮球踢多了，清闲久了，自己的业务水平和工作能力就会大大下降。等到职场失意的时候，才明白自己在职场中落魄的原因是自己的脚太"臭"，"踢"走了很多次磨炼和提高自己能力的机会。

职场中，要多在工作实践中提高自己，业精于勤而荒于"踢"，只有多锻炼自己，才能在职场中以突出的工作能力成为职场达人！

第 10 节　面试，切忌这些小动作

我在一家外企公司担任人力资源部经理已经四年了。铁打的职场流水的员工，四年中，我们公司不断地有人被解雇或者跳槽，于是就得不断地招聘新人。粗略计算，作为面试官，四年中，我面试过大概有 1000 名求职者。一些求职者在面试中表现出的不适当的"肢体语言"，往往会断送他(她)一次非常重要的职场机会。

一、眼神飘忽

俗话说"眼睛是心灵的窗户"，透过眼神，最能看透一个人的内心世界，所以面试的时候，求职者一定要注意自己的"眼神"表现。

面试的时候，不论多好奇，一定不能东张西望，否则会给面试官产生"对方很浮躁不稳重"的坏印象。

和面试官眼睛对视的时候，眼神一定不能显得飘移或者木然，这样就会给人一种"对工作漫不经心、不是很渴望这份工作的感觉"。如果给面试官留下这样的印象，面试官肯定就会直接在心中把此人否定了。

职场小贴士：

面试的时候，不要东张西望，眼睛里一定要流露出对这份工作的渴望和热爱。如果面试官觉得录用你，你会很珍惜这份工作，那么，你基本上就算是被录用了。

二、眉头紧锁

一些求职者为了表现自己的"镇静"和"大气",非得让自己的眉毛横起来,这会让面试官看了不舒服。

另外,尽量也不要皱眉。皱眉总是和"愁"相联系,也常常与"哭脸"相呼应,一个愁眉苦脸的求职者,会让面试官怀疑对方有着很多的家庭困难,使得面试官不得不考虑这个心事重重的求职者以后会不会被很多麻烦事分散工作的精力?会安心工作吗?如果面试官有这样的疑惑,一般就会"多一事不如少一事",不录用这个似乎满腹心事的求职者。

职场小贴士:

面试的时候,眉毛要呈现"淡定"放松状态,眉毛"淡定"了、"放松"了,心情也就淡定了,不拘谨了。面试的时候表现得大方得体,会在面试官那里挣得较高的印象分。

41

三、"瘫坐"型

一个求职者(特别是男生)参加公司的面试,隔着桌子坐在面试官面前的时候,依然按照平时的习惯,以一种过分放松的姿势"瘫坐"在椅子里,并且不停地晃动着小腿。面试官看着求职者抖腿,很是闹心,为了"眼不见心不烦",他让求职者坐近些,这样,有桌面遮挡,就不会看到抖动的腿了。求职者听到面试官让自己坐近些,于是站了起来,抬起右脚,用脚的内侧勾住椅子的一条腿,把椅子向前勾近了一些,虽然椅子位置向前移了,但是,因为只勾住椅子的一条腿,椅子的位置有些歪斜,求职者用脚踢了踢椅子腿,把椅子正了过来,然后大大咧咧地一屁股坐了下来。面试官看着求职者的这一连串动作,觉得这个小伙子太粗糙太没有规矩了,在心中叹息了一声，然后毫不犹豫地否定了求职者。

职场小贴士：

　　求职者一些不恰当的肢体语言常常严重影响面试的结果，求职者面试的时候，不能"瘫坐"在椅子里，也不要只坐在椅子的边沿，显得很拘谨，应该以坐满椅子的三分之二为宜；如果需要挪动椅子，人要站立起来，把椅子轻拿轻放，切记不要拖拉或者用脚勾、踢椅子，以免发出噪声！面试时不礼貌的动作就是对面试官的不尊敬，自然会影响你的面试结果。

第三章

不要挑剔你的老板

第1节　分段式成功

我有个农村的舅家小表弟，比我小 6 岁。他高中刚毕业那年，来到城市里，在一家厨师培训学校学厨师，经常会在周末来我们家玩。

厨师学成后，有天他到我家里，红着脸说要向我借 4000 元钱，说要自己开个小吃铺。望着眼前这个 18 岁的大男孩，我吃惊地说："就你？想开小吃铺？得了吧，你能找个小吃铺打工就不错了，真是异想天开！"那个时候，我大学毕业后刚工作两年，除去平时的花销，也只有几千元的积蓄，我哪舍得借给他打水漂啊。

见我有拒绝他的意思，他的脸一下子涨得通红，眼泪一下子掉下来了。看来此前他估计得比较乐观，没有想到我会拒绝借钱给他。

表弟家经济困难，表弟学厨师的一部分学费，还是我母亲支持的呢，表弟无法指望从他家里得到开饭店的经济资助。他这一哭，我一下子心软了，后来我拿出 2000 元，我妈也就是他姑姑拿了 2000 元。我叹口气说："这钱就算我们赞助你的了，赔了就赔了，我们也不指望你能还。"他倔强地说："你放心，我一定还这个钱！"

表弟的小吃铺终于开起来了。在流动人口多的城乡结合部，租了个十平方米左右的小房子，房租是每个月 500 元。按照规矩，房东一般是预收一年房租的。在我表弟百般哀求缓交的情况下，房东答应先收半年的房租，等表弟以后挣钱了，再收下半年的房租。就这半年房租一项，就花去 3000 元，剩下的 1000 元，表弟买了炊具、碗筷，为了节省资金，他的四张小方桌和那些椅子都是从旧家具市场买的二手货。表弟见我盯着那些桌椅皱眉头，他嘀咕道："旧点怕啥，人家来吃饭的，又不是吃桌子、椅子的。"我环顾一圈，叹息道："你连个冰箱都没有，还开什么小吃铺，真是瞎闹！"表弟倔倔地说："我怎么瞎闹了？没有冰箱，我买菜买少些，够一天用的就行了，没有冰镇啤酒也没事，我旁边就有个小超市，他们有冰镇啤酒卖，我从他们那买不是一样的吗？"见表弟这么瞎凑合，我苦笑着摇摇头，借口有事情忙，就走了。

过了大约半个月，我路过表弟的小吃铺，顺便过去看看。正是中午吃饭的时候，好家伙，表弟的生意还真是不错，四张小方桌坐满了人。他就是卖面条、米饭和小炒，一个人忙得团团转，有顾客要冰镇啤酒的，他匆匆跑到门后，冲旁边的超市喊一嗓子："来三瓶冰镇啤酒！"于是人家立马送来。

半年过去了，表弟真的把钱给还了，还给我妈买了个手机，给我买了双皮鞋。我知道他这是答谢我们母子俩。回想起当初，我怀疑他能力的时候，感觉有些不好意思。

表弟的铺面一年租期到了后，他租了个 40 多平方米能摆 12 张桌子的大房子，招了一个厨师和一个服务员，买些新炊具和新桌椅，把一年挣的钱都折腾完了。不过，这个时候，我已经开始欣赏表弟了，觉得他是个敢想敢干特别能吃苦的人，肯定能把生意做好。

表弟做生意的第六年，他把饭店开到了开发区的写字楼楼群了，他租了上、下两层共 200 多平方米的房子，开了家酒楼。表弟的生意很好，写字楼楼群的很多白领都是他的长期顾客。

去年，我结婚的时候，婚宴就是在表弟的酒楼里办的。在婚宴上，当我和表弟碰杯的时候，我真诚地说："小弟，你能有今天，大哥很高兴，非常高兴！"表弟咧开嘴乐了，说道："其实当初我的理想就是以后开个酒楼，那个时候，我担心我把以后的计划说给你听，你非笑话我异想天开，所以，当时我没敢说。在那个时候，我两手空空的，对于我来说，那个理想确实很大很遥远！好在我踏实地从小干起，干好了小吃铺，然后就干了饭店，再后来就是现在的这个酒楼。现在回头想想，当初我的理想还不算离谱吧？"表弟说完，幸福地笑了。我当时心情很复杂，既为表弟的成功高兴，又为自己多年的碌碌无为而难受。

刚从大学毕业的时候，我曾经的理想是力争成为全国一流的书法家，那个时候，我有一定的书法基础，我的毛笔书法在大学范围内还是很有名气的。但是一想到离"全国著名"还有着很远的距离，远得这辈子简直没有办法实现，于是就主动放弃了，宁愿在业余时间内喝酒、打扑克、玩电脑游戏，也不再去碰毛笔。

其实，我当初完全可以先努力在我们这个地级市书法界闯出些名气，然后再逐渐走向全省，最后才向全国一流的名家队伍进军。这样分段努力，就没有畏惧感了。

新婚后的第二天，我就重新在业余时间练起了书法，我也希望自己能够像表弟那样，经过勤奋努力，让自己以分段前进的方式取得最终的成功。

第2节　忍得孤独，飞得云霄

侯晨是东北某地的国企职工，七年前，因为企业倒闭，侯晨下岗了。侯晨是个很务实的人，也是很有责任心的人。下岗后，他没有回家大睡或者边喝酒边骂人(或者骂命运)，而是直接去找工作。后来他在一家蔬菜公司找到了工作，就是每天早晨在农产品批发市场销售他们公司从外面长途贩运过来的蔬菜。菜贩们为了能进到很好的货，每天凌晨三点左右就去进货。侯晨两点半就得起床，然后在昏暗的路灯下骑车去农产品批发市场上班。

侯晨的活比较杂，既像一个总管又像一个伙计，既负责称重、开票又负责搬运，每天早晨总是从三点左右一口气忙到七点多钟，这一天的批发生意才算基本结束。吃完早饭后，侯晨开始守着只剩少许菜的几辆大卡车。每天那几个小时的批发生意过后，剩下的基本上是零售。侯晨所在的蔬菜公司的菜比批发价贵但是比商贩的零售价便宜，所以农贸市场周围的小区居民都会到这个农产品批发市场买菜。

因为这个市场是以批发为主的，早上八点钟以后，生意就比较冷清了。侯晨在附近吃完饭后，开始看从书报亭买的报纸和杂志。

看得多了，侯晨就开始写一些文章。周围接触的要么是蔬菜公司的同事，要么是前来批发菜的零售商贩，或者是勤俭过日子前来买菜的家庭主妇，根本没有热爱写作的人，侯晨感觉自己一个人在战斗，非常孤独。

白天生意不忙的时候，市场上很多同行都在打扑克、斗地主、下象棋，或者玩手机、玩电脑，只有侯晨显得比较另类，他坐在设置在简易房内的办公室前认真地看书或者沉思，有时候在笔记本电脑上写文章。每隔十多分钟，侯晨都会到门口观望一下，如果有潜在的顾客在看他们公司的蔬菜，他就会热情地招揽生意，如果没有潜在顾客，他就会退回办公室内继续看书，继续研究杂志，继续写文章。

周围的朋友基本上没有热爱文学的，只有他一个人在苦苦地努力，连个可以一起讨论的文友都没有，侯晨感觉自己非常孤独。

然而侯晨出手不凡，处女作很快发表在《北京青年报》上。从此一发而不可收，短短的几年时间，发表了上百万的作品。每个月的稿费比工资还要多。

他用工资和稿费开了个超市，让妻子经营。他后来写纪实文章，一篇文章就能得几千元稿费，有时候甚至上万。他把稿费都投资到妻子经营的那个超市里，当超市有一定规模后，他辞掉了蔬菜公司的工作，和妻子专心经营超市。同时，侯晨依然坚持利用空闲时间写作，他给自己立了个规矩，不管多忙，每天必须写够一千字，要不然不能睡觉。有时候超市生意忙，到晚上十一点关门打烊的时候，侯晨还没有写一个字呢。爱人体谅他的辛苦，就温柔地劝他说："侯晨，忙了一天了，时间不早了，睡吧！"

侯晨不顾劳累以及妻子温柔的呼唤，站着在电脑上开始写文章，站着的原因是防止自己坐着的时候打瞌睡。

因为勤奋，因为坚持，也因为才气，侯晨的文章越写越多，越发越多。很快，侯晨开始有了名气。

因为名气大了，又因为侯晨的写作水平确实修炼得很高深了，于是，他开始应邀与一些电视台合作给他们写栏目剧。他写的很多栏目剧在一些电视台播放，周围的亲戚朋友见他在写作上和生活上都取得这么大的成绩，很是羡慕，个别人酸溜溜地说他是"运气"好。侯晨想想自己几年前下岗，想想自己在蔬菜公司每天早晨最忙的那几个小时累得腰酸背疼，只有默默地苦笑。

职场小贴士：

不管是生活中还是职场中，前进的道路总是很艰难的，虽然也会遇到好心人帮助，但是，在努力的过程中，很多时候还是需要个人奋斗的。只有坐得住冷板凳才能取得好成就，只有忍得了孤独才能够飞上云霄。

第3节　莫做处世的"菜鸟"

一、弄巧成拙搞威胁

肖红以前在一家银行工作，考取注册会计师资格后，她辞职进入一家大型民营集团公司的财务部工作。集团公司下面有十多家分公司，来往账务复杂。作为集团总部的会计，肖红的业务能力非常强，她把公司繁杂的账务打理得很有条理，结束了以前公司经常组织人手整理账务的混乱局面，这让老总非常高兴，在心里把肖红当成人才培养，准备以后提拔她担任部门领导。

肖红觉得自己业务水平高，应该担任财务部的部门经理，虽然财务部有经理了，但是，把自己提拔为副经理总行吧？为了得到集团老总的重视，肖红就故意在部门中散布"有几个外企大公司要挖自己做财务总监"的"消息"，目的就是想引起老总的重视，使得爱才的老总能够用"突击提拔"来挽留自己。老总知道这个消息后，他这样分析：如果有外企大公司挖她当财务总监，这么好的机会，她为什么没有去？为什么要告诉大家？目的是不是逼迫自己"突击提拔"她以"阻止"她跳槽？经过分析，老总觉得肖红释放的是烟幕弹，于是，老总非常恼火，不予理睬。从此，老总把她列为了不可重用的职员，肖红在公司里就坐上了冷板凳。

职场小贴士：

俗话说"心急吃不了热豆腐"，一些职场中人非常急功近利，迫切要求升职，但是，又不明说，于是就采取"迂回战术"放风，说有多少多少大公司准备挖自己去担任要职，这样秘密的事情居然轻易告诉大家，可信度自然非常低，老总不但不信，还会在心中对这个员工的印象大打折扣。如果继续在这个公司工作下去，此员工就会把"冷板凳"坐穿！

二、狂妄自大人缘差

牛伟是家公司研发部的工程师，毕业于北京一家著名理科院校的研究生院。进入职场后，他工作非常勤奋，先后为公司开发了几款新产品，这些产品在市场上销售得非常好，给公司创造了巨额利润。公司也没有亏待牛伟，不但给他高工资和大额奖金，年终的时候，还给他分红。

牛伟工作能力是没得说的，公司上上下下都很服气，但是，他为人却很糟糕，就是做人太骄傲，从来不把同事放在眼里。他有句口头禅："其实，这个技术问题解决起来很简单，你咋这么笨呢？"他觉得自己说这话并没有任何恶意，就是看对方笨手笨脚地解决不了技术问题，很着急，于是情不自禁地发出点感叹而已。但是，大家不这么看，大家都觉得他不顾及别人的感受，整天牛气哄哄的，非常惹人讨厌。不但对同事不尊重，就是对部门经理，牛伟也是经常一副不服气的态度。有次，部门开例会，部门经理多说了几句，牛伟当即埋怨道："咱们搞研发的，应该着重于实干，你这么夸夸其谈简直是浪费大家的时间。"一下子就把经理闹成个大红脸，经理知道牛伟是老总眼中的红人，也不好对他发火，当即宣布散会。从此，研发部很少开例会，老总感觉很奇怪，就问原因："别的部门每个星期都会开次例会，总结前几天的工作，分配以后几天的工作，你们怎么很少开会呢？"经理就把牛伟会上当众顶撞他的事情"很自然"地告诉了老总，老总摇头叹息道："这个牛伟啊，干工作还行，但是，为人处世相当不成熟！"

后来，为了减少运输成本，公司在武汉成立了一家工厂，研发部经理被调到这家工厂担任厂长并兼任分厂的总工程师。

总公司研发部经理这个位置空下了，老总想提拔牛伟担任部门经理。没有想到，还没有正式任命呢，只是消息流传了出去，研发部的员工居然全体"请病假"。老总知道这是牛伟人缘太差，大家用这种极端的方式抗议他的"即将任职"。老总只能从大局出发，从研发部里提拔了一位待人平和的老员工，于是，大家的"病"立马好了。

职场小贴士：

一个领导者，不但业务水平要高，领导能力更要出众，"服众"非常重要，要不然，不可能把领导当好。职场上一些业务能力非常强的人只能当"骨干"，但是不能当领导，就是因为为人处世方面太欠缺，骄傲自大、目中无人，使得人缘极差，往往失去了职场升迁的机会。

三、祸从口出遭打压

彭亮是家公司的销售员，他在这个公司里连续工作了 8 年，算是资深员工了。彭亮是公司的销售骨干，前年和去年连续两年获得公司的销售冠军。

49

彭亮这个人有个缺点，就是喜欢吹嘘。今年年初的一个周末，彭亮和部门的几个关系好的同事一起喝酒，彭亮说道："我现在销售网络建立起来了，如果哪天我创业开公司，你们哥几个如果愿意和我干，我绝对不会亏待你们。"其实，彭亮当时只是瞎吹而已，他内心根本没有开公司单干的打算。但是，这话经过同事的传播，很快传到老总的耳朵里，老总听了吓了一跳，对于彭亮这个连续两年的销售冠军，对于掌握着一大批客户的销售骨干，老总决定要采取紧急对策。

公司很快新招了几个销售员，并以种种借口把彭亮手中的大部分客户分流给了这几个销售员，之后老总就放心了。

从此，祸从口出受到老总防备和打压的彭亮在公司里的地位不断下降。

职场小贴士：

职场中，越是功高越要低调，说话要谨慎，千万不要"祸从口出"！如果被领导认为有异心，自己拥有再大的本事，也会遭到打压和冷落，自然没有机会得到升职重用。

第4节　不要招惹那只鹦鹉

夏冰大学毕业后进入一家公司的人力资源部担任人事助理。整个人力资源部就只有三人：经理，夏冰，行政助理丁莉。丁莉刚工作了半年，也算是个职场新人。让夏冰不明白的是，行政助理丁莉的工资为什么比她高一倍？虽然大家的工资都是直接打卡上的，公司也有纪律不允许大家互相打听工资，但丁莉自己炫耀说自己每月税后工资八千多元。这个工资简直和部门经理的差不多了。这让夏冰心里很不平衡。

让夏冰心里更不平衡的是，丁莉有很多工作自己不愿意干，就推给经理干，经理不可能干那么多具体的工作，就把这些工作转交给夏冰，把夏冰弄得满肚子的火气。于是，丁莉不在的时候，夏冰向经理提意见："经理，你这也太迁就丁莉了，就她那点工作资历，凭什么拿那么高的工资？还有，她的工作不好好干，却推给你，哪个地方能容忍这样的员工？"经理沉默了一会儿后，叹息道："你就别这么较真了，你在公司待久了，就知道原因了。我只是想提醒你一下，咱们这是个分公司，咱们分公司的老总是个好脾气，你可以得罪咱们老总，但是，你不要得罪丁莉。我只能和你说这么多！"听完经理说的话后，夏冰就在那琢磨了，琢磨来琢磨去，觉得丁莉只不过嘴巴甜点，动不动就娇滴滴地说："经理，我今天身体不舒服，这工作你就代劳呗！""经理，我现在有事，需要请假出去一趟，你刚才交代我的工作，你自己就辛苦一下呗？"部门经理是男的，夏冰把丁莉这些招数当做美人计，觉得丁莉除了娇滴滴地使点美人计外，其他的也没有什么了不起的，部门经理把她说得神神秘秘的，不就是想保护下丁莉嘛！夏冰越想心里越是鄙夷，觉得部门经理真是太搞笑、太用心良苦了，还说什么分公司经理可以得罪，但是丁莉不能得罪，这样想着，夏冰连部门经理也看不顺眼了。另外，据说经理还准备给丁莉写涨薪申请，这也让夏冰非常气恼。

51

有天，经理不在，丁莉看了半天的电视剧后，说道："夏冰，我下午要去做个头发，和理发师约好的，我的这点工作你帮帮忙呗？"夏冰一听就火了，心中的怨愤一起爆发出来："什么呗呗呗的？把你的舌头捋直了再和我说话！你的工作我凭什么给你干？你拿那么多的工资整天不干活，我干活累死挣这么一点钱，还要帮你干活，做你的大头梦去吧！别烦我，能滚多远滚多远！"听到夏冰的话后，丁莉不敢相信地睁大了眼睛，过了一会，她质问夏冰："你让我能滚多远滚多远？"夏冰肯定地点点头："是的！"丁莉一下子乐了，乐完后，她鼻子哼了一声，说道："好的，那咱今天看看到底是谁走人！"说完，她向总经理办公室走去。总经理是个很和气的人，对夏冰的工作很认可，从来没有说过一句重话，丁莉去总经理那告状，夏冰才不怕呢。

让夏冰万万没有想到的是，十分钟后，总经理居然亲自过来让夏冰去他办公室谈话。到了总经理的办公室后，很和气的老总长一声短一声地叹气，叹完气后，说道："夏冰，你说你惹谁不好？你惹丁莉干嘛？你知道她是谁的侄女吗？她是总公司孙总的娘家侄女，丁莉也就是在这个分公司锻炼一下，以后会回总公司给予重用的！孙总是女强人，一直没有要孩子，她娘家侄女简直和她女儿差不多！并且孙总还是咱们集团公司的第三大股东，在集团公司很有话语权，说白了，我这个分公司总经理能不能干下去，也就是她在董事会上一句话的事，你说我怎么办？你让丁莉走，她不走，她现在让你走，那你只能走人了！"

回想起部门经理以前的劝告，夏冰肠子都悔青了，她不知道有时候职场的水居然如此的深。

回家路上，情绪低落的夏冰想起了自己在网络上看过的一个段子。一个人要出远门，委托朋友帮他照顾家，这人反复对朋友说："我们家的藏獒脾气好，你可以随便逗它，但是，我们家的鹦鹉你千万别惹它！"这个人帮朋友看家后，反复逗藏獒，藏獒确实好脾气，一直很温顺。这人想，连藏獒都可以逗，逗鹦鹉怕什么？于是，他就开始逗鹦鹉，鹦鹉被逗恼了，说道："藏獒，咬他！"翻脸不认人的藏獒扑了过来……

职场中，一些看似小人物的人却是不能惹的，因为她有可能指挥动你的领导，就像一个小小的鹦鹉能指挥动藏獒一般。夏冰在职场中摔的跟头，希望能给初涉职场的新人们提个醒。

第5节　职场上，如何化解"被投诉"

人在职场，几乎没有人能把工作做得十分完美。直接或者间接与客户接触的职场中人，都有可能因为工作上出现的重大过错或者是微小过失而引起客户的投诉。为了避免事态的扩大，职场中人应该尽力取得客户的谅解，从而化解职场中的"被投诉"。

齐梅是家电器销售公司的财务部经理，因为工作的失误，没有及时把某品牌空调厂家的货款打过去，并且这笔款是齐梅公司的老总早已经签字批准给付的。对方的一个副总在电话中口口声声要向齐梅的老总投诉，并且要按照合同取消齐梅所在公司的"区域代理权"。齐梅为了不让事情闹大，于是积极地与对方沟通，希望能顺利地化解"被投诉"。

一、真诚倾听和道歉

这家品牌空调厂家的副总在电话里怒气冲冲地发脾气，说是因为没有及时收到齐梅这边的货款，老总批评了他，甚至怀疑他在里面藏有什么猫腻而对齐梅所在的公司进行了"宽松政策"。

副总在电话那边恼火地讲述这些事情的时候，齐梅认真地倾听着，她没有为自己进行"狡辩"，因为如果那样，会引起对方更大的反感和愤怒。副总在那边恼火地倾诉，齐梅在这边耐心地倾听着，为了表示自己是"真诚倾听"而不是敷衍，她不时在电话里与对方语言互动，顺着对方的话来检讨自己。见齐梅态度好，对方的火气消去了一部分。

职场小贴士：

因为自己的过错，给客户造成了一定的损失或者困扰，客户有种"不被重视"的感觉，心里自然非常不愉快。与客户交流的时候，一定要真诚倾听，尽管电话交流中，对方看不到面部表情，但是，声音是人的第二张脸，如果在电话里表现得敷衍，表现得不真诚，"听话听音"，对方是能感觉到的。如果这样，对方再次感受到"不受重视"，肯定会"火上浇油"。

真诚倾听、认真道歉，才能化解和消减对方的一部分火气。

二、衷心感谢

齐梅电话中听到对方语气缓和下来了，知道对方火气消了一些，她在心中长出了口气，然后开始感谢："谢谢您对我们公司的关照，如果没有您的鼎力相助，我们就不可能取得区域代理权！我们公司的发展离不开您的帮助和呵护，还请您以后继续帮助我们……"

53

对方听了齐梅这么说，火气又消去一部分。

职场小贴士：

不管是何种方式的合作(或者消费)，自己所在的公司都会获得客户方带来的一定的利益，因此，对客户表达衷心的感谢，就是向对方表示重视和尊敬，对方的火气自然会再次消减。

三、征询意见

听到对方在电话里"无奈地叹气"，齐梅知道自己的倾听、道歉、感谢这三招起了大作用了，弄得对方没有了脾气。虽然对方没有脾气了，但是，具体事情得赶紧解决，于是，齐梅以很谦逊的口气说道："陈总，因为我的失误，没有给您打款，这事真的非常对不起。对这个事情，您有什么新的指示？请您吩咐"。

对方听了，心情开始舒畅了："指示倒是谈不上，你看什么时候能把我们的钱打过来？"

职场小贴士：

很多时候，客户需要的是对方解决问题的态度。此时，如果虚心征求对方解决问题的办法，等于告诉对方"您说了算"，客户受到尊敬和高抬，自然内心比较受用、比较欣慰。

四、及时承诺

见对方不追究责任，不再坚持投诉了，齐梅也开始放下心来。她赶紧向对方承诺："现在是上午九点钟，两个小时内，也就是上午十一点之前，肯定给您打过去，您放心好了，就是天上下刀子，我也得顶着磨盘去银行办好这件事情。"

对方得到这么个具体的时间，很是高兴，在电话里笑着说："有你这承诺就行，那我就等着了啊！"

职场小贴士：

因为过失而与客户交流的时候，千万不要忘记事情的核心，那就是"何时解决问题"。这个时候，要尽量给予及时的承诺，给对方吃"定心丸"的同时也是给对方吃了"消气丸"。

五、积极弥补

其实，在对方给自己打电话的时候，齐梅就在桌子上写个纸条，指示会计立即去银行给对方打款，并让会计到银行后，根据前面排队的客户人数给自己发个手机短信，告诉自己多长时间可以把款打去(齐梅用的是座机与对方通话)，当会计短信里说两个小时内肯定能搞定的时候，齐梅就胸有成竹地给对方一个确切的承诺。之所以刚开始的时候没有提前向对方许诺"两小时内汇去"，就是担心银行排队的人太多而"食言"！

钱汇完后，齐梅给对方打电话告知，对方非常高兴，不但不再提投诉的事情了，并且还不好意思地道歉："近期工作太忙，情绪不好，今天给您通话时态度不太好，请您谅解啊。"

齐梅成功地化解了自己的"被投诉"。

职场小贴士：

许诺后，也许客户的火气已经平息了，但是，依然不能掉以轻心，不要以为化解了"危机"就可以怠慢，一定要积极地弥补，以实际行动维护客户的利益。要不然，即使客户的火气已经平息，但是，面对"干打雷不下雨"的空头承诺，客户的火气会再次升起，并且很有可能比第一次更加强烈！

第6节 土地不是越肥沃越好

我刚读小学的时候，我们那里的土地刚实行承包制没有多久，大家都憋足劲要把地种好。

父亲有些文化，他从一本《科学种田》的书上学得了一些种田的窍门：把我们家筛子筛下的瘪的、小的黄豆(这些以前都是去豆腐坊换豆腐的)都撒到地里，还把家里挤豆油剩下的豆饼也撒到地里。豆饼是家畜很好的饲料，以前村里人根本没有人舍得把豆饼撒到地里。

以前大家每亩小麦产量是四五百斤，那年我们家小麦亩产有 1000 斤，望着打麦场堆积得小山一样的麦粒，好强的二叔非常羡慕。第二年，他模仿我父亲，也给麦田里撒了黄豆以及豆饼，那年，亩产果然达到了 1000 斤。二叔非常兴奋，他意识到肥料对庄稼来说非常重要，于是他专门养了头牛，不仅是为了让牛帮助干农活，更重要的是为了积攒牛粪做肥料。来年种植小麦的时候，不但撒了黄豆、豆饼，并且还撒了化肥以及牛粪，二叔觉得这样在肥料上大下工夫，小麦产量肯定会更加高。没有想到的是，麦子下来后，亩产只有 300 斤。二叔非常郁闷和不解。后来，我父亲从书中找到了答案：如果肥料过于充足，在地下会产生高温，一些小麦种子不会发芽，另外，会有一些种子刚刚萌芽就被烧死。

从此，二叔知道施肥的重要性以及施肥过分的危害性，把握好了火候，二叔很快成为一个种庄稼的好手。过了两年，二叔觉得蔬菜大棚效益好，就改种蔬菜，不但自己家的几亩菜地都种上了蔬菜，还租了一些出外打工的乡亲们的庄稼地种大棚菜。

二叔很快发了财，发财后的二叔对我堂弟期望很高，希望我堂弟以后能有出息。二叔送我堂弟去市里重点中学的高价班读书，堂弟没有考上大学，二叔又花钱让堂弟读了自费大学。大学毕业后，二叔又托关系把堂弟弄到乡政府上班。堂弟因为有我二叔的照顾，在单位也不好好工作，上班的时候居然偷偷地溜出去和社会上的人一起打麻将。二叔经常给我堂弟的领导送礼，于是，领导对我堂弟也就睁只眼闭只眼。但是，后来单位竞争上岗，根据考试以及平时的业绩说话，众目睽睽之下，领导也不能袒护我堂弟了，于是我堂弟就下岗了。从单位下岗后，从来没有吃过苦的堂弟坚决不出去找工作，就只在家里打电脑游戏。看起来堂弟就是被"施肥"太多，被二叔的溺爱给"烧坏"了。

从我二叔种庄稼以及培育人方面，我们能看出土地并不是越肥沃越好，等到"肥"得过了头，肥料自身产生的热量就能把"庄稼"烧坏。

人生之路关键靠自己，如果别人"扶助"你太多，自己的"腿"久不运动，就会丧失"走路"的功能，至少会影响自身走路的速度和稳健的程度。就像一个人，如果过分依赖拐杖，他的腿部肌肉就会迅速萎缩。

漫长的人生之路上，我们需要别人的帮助，但是，绝不能对别人的帮助期望过高，绝不能接受过多的帮助，因为"土地并不是越肥沃越好"。

57

第7节　升职后，如何从心理上应对

一、远离昔日的玩伴

没有被提升为策划部主管之前，尹玲在公司里有几个吃喝玩乐的好伙伴。这几个伙伴有本部门的同事，也有外部门的同事。大家在中午休息的时候一起去逛附近的商场，或者趁领导不在的时候溜出去买小零食。为了躲避下班高峰时候公交车以及地铁上的拥挤，下午下班后，尹玲和几个伙伴待在办公室里边打扑克边等着下班高峰退去。有时候周五下午下班后，几个人结伴去唱歌。

当了部门主管后，尹玲很快与这些玩伴疏远了，不再在上班的时候溜出去买小吃了。下班后，尹玲准时回家，不再和她们在办公室里玩扑克了，周五晚上也不和她们一起去唱歌了。

很快，大家都夸奖尹玲"越来越稳重了"。

职场小贴士：

职场升职后，肩上的责任更重了，因此，要把时间和精力用在正事上。另外，如果升职后依然醉心于玩乐，老板会觉得这个下属"不稳重不靠谱"，甚至会对自己的眼光产生怀疑：提拔这个员工是不是一个错误？还有一点，作为部门领导，经常在大家眼皮子底下玩乐，很难在下属面前树立威信。

二、谦虚、低调

从普通员工升为行政部经理，这对钟红来说是很大的喜事。但是，钟红在心里拼命克制住自己，不让自己喜形于色。

部门一共 6 个下属，其中一个人比较会来事，在她的动员下，大家每人凑了 100 元，准备在一家大酒店给钟红庆祝。这样的庆祝方式，她们公司以前没有过，钟红不想让别人说她张狂，于是，她谢绝了大家的好意，让这个员工把大家的钱退了回去，然后钟红自己出钱在离单位比较远的一个小饭馆里请下属吃饭，感谢大家一直以来的关照。

升职后，钟红对单位同事特别是自己部门的下属依然很有礼貌，并没有扬着脸哼着鼻子打官腔。

钟红升职，单位的一些同事很是嫉妒，暗地里观察，想找些钟红"张扬跋扈"、"小人得志"的口实，然后在钟红面前或者背后给予猛烈抨击或者辛辣的讥讽。但是，观察了几个月，钟红依然那么谦虚和低调，弄得这些找茬的同事自己都感觉非常无聊，只在内心对钟红多出些佩服和敬重。

职场小贴士：

升职后，上到老板下到很多普通同事，大家都在暗暗观察你，看看你的心态是不是开始膨胀，言语是不是开始张狂，表情是不是忘形！这个时候，不要大模大样地去赴下属的"祝贺宴"，不打官腔不摆架子，这样的低姿态才会让老板满意，这样的谦逊才能让同事信服。

三、忍让有节，该断就断

何影被提拔为市场部经理后，她感觉同事高燕对自己的敌意大增。何影和高燕都是公司的老员工，同一批进入公司，工作能力不相上下。但何影为人平和大度，事事都肯谦让，所以在公司里的人缘很好。高燕与人相处时事事都想占先，给人一种盛气凌人的感觉，所以人缘比较差。

后来，何影凭借自己良好的工作能力以及好人缘升职为部门经理，高燕非常不服气，并且很恼怒。高燕觉得自己才是市场部经理的不二人选，何影就是踩着她高燕的肩膀爬上去的！于是，高燕处处与何影做对。开始的时候，何影对高燕非常忍让，并且经常用"以心换心"的方式感化高燕。但是，高燕把何影的"推心置腹"当做"虚伪"，对何影带领部门做出的工作成绩嗤之以鼻，并且公然宣称如果她当部门经理，部门工作成绩肯定比现在优异得多。

既然高燕油盐不进，铁着心和自己作对，何影也就不想和她讲究情谊了。从此，何影对高燕非常冷淡，工作中的接触也是"公事公办"的态度。时间久了，高燕自己觉得无趣，就灰溜溜地偃旗息鼓了，不再和何影叫板了。

职场小贴士：

职场中，总是有少数"异类"，他们油盐不进，你根本不可能与她(他)

"以心换心"。你工作失误，他们嘲笑；你工作上取得成绩，他们嗤之以鼻。对于这样的人，最好的办法就是不再忍让，割断情谊，公事公办，对他们报以冷脸冷眼，他们反而就老实了。

第8节　职场"老人"可以载舟也可以覆舟

吴菲和叶雨是一家大型广告公司策划部的员工。她们都是毕业于名校的广告学专业，有着很扎实的理论知识，再加上工作非常努力，两人频频琢磨出非常好的广告策划案。策划案实施后，为公司创造了非常可观的效益，很快，两人在公司里成了耀眼的"明星员工"。

吴菲和叶雨工作能力不相上下，但是，在对待老员工的态度上，两人差别很大。吴菲是个很平和的人，对待公司的老员工总是表现得很谦逊：在办公区走廊里遇到老员工，她都会主动微笑着和对方打招呼；部门里的个别女性老员工上班的时候突然犯病，吴菲会积极、热心地把对方送到附近的医院，然后打电话通知对方的老公前来医院看护，当对方老公到医院后，吴菲才回单位继续上班。

吴菲他们公司经常替客户公司印刷一些精美的印刷品。有时候吴菲乘坐公司的轿车前去印刷厂办公事，司机师傅就在外面等着。吴菲见司机师傅四十多岁了还这么辛苦地接送自己，虽然都是为了公事，但是还是觉得很过意不去，于是就会在回去的路上给司机师傅买上瓶饮料。

有次，印刷厂的事情忙到下午六点多钟才结束。吴菲感觉不好意思，坚持请司机师傅在外面吃了顿饭。吃饭的时候，司机师傅感慨地说："我在咱们公司已经工作9年了，我就是个司机，还真没有遇到几个把我当回事的人！都是为了公事，你请我吃饭，说实在的，我很过意不去，也非常感动！"吴菲笑道："师傅，你客气了，为了我的工作，耽搁你大半天了，害得你一直等我，我知道等人是最辛苦的了，师傅，来，咱以饮料代酒，我敬你一杯！"

叶雨比较排斥单位的老员工，觉得他们仗着在公司工作的年限长些就"倚老卖老"，很是不屑。其实，老员工并不是"倚老卖老"，而是在公司的时间长了，工作上的经验比较多，有时候情不自禁地就会对叶雨的工作进行一些"指点"，看叶雨一脸的不高兴，她们很快就知趣地闭嘴了。

叶雨的工作能力强，更是不把老员工放在眼里了，老是嘲笑她们"年龄见长，本事可没有见长啊"。很快，公司的老员工都对叶雨疏而远之，背地里讥讽她是骄横的"职场新贵"。叶雨也时常去印刷厂办公事。叶雨对待送她办事的公司司机缺乏尊重，觉得司机就是个工人，"没有共同语言"，对待司机师傅爱理不理的。司机师傅也憋着气不说话，弄得气氛很是尴尬。

后来，策划部主管被提拔为公司副总。公司老总想在吴菲和叶雨之间提拔一人当部门主管，于是就咨询一些老员工。老员工一致力挺吴菲，特别是公司的司机师傅。老总虽然自己开车，但是，有时候因为生意应酬必须喝酒，就派司机接送自己。与司机接触的机会多一些，老总比较看重司机的意见。公司司机想到吴菲的客气以及叶雨的冷漠，脱口而出："依我看，应该提拔吴菲，叶雨不行，叶雨能力是有的，但是，不适合当领导啊，待人接物太差，没有威信，以后怎么可以服人，怎么可以领导人？"听了司机的话，老总决定提拔吴菲当部门主管。

又过了两年，因为吴菲工作很敬业，部门的工作做得很好，再加上老员工继续力挺她，于是，她在职场上又上了一个新台阶：担任公司的副总。此时，叶雨还是策划部的普通员工。

叶雨依然"发扬"她职场为人处世风格，依然不买公司老员工的账，结果，老员工们在工作上处处为难她，弄得她在公司里处境非常艰难。

职场中，一些新人心高气傲看不起老员工，对待老员工缺乏必要的礼貌，尽管这些职场"后起之辈"工作能力很强，但是因为受到老员工的集体打压而很难在职场上获得应有的好前程。

61

　　职场的那些"后起之辈"要想获得好的发展，肯定离不开那些职场"前辈"的力挺，毕竟对于提拔人等事情，老总一般比较在意老员工的情绪和意见。因此，那些心高气傲的"后辈"们一定牢记：职场"老人"可以载舟也可以覆舟，一定要低调礼貌地对待那些职场前辈，要不然，会在职场上越混越窝囊。

第四章

你的一周比别人多几天

第1节 把工作变成有意思的事情

我在一家品牌电器公司总部的售后服务部工作，每天接听全国各地用户的电话，绝大多数电话都是说产品出了问题，但是没有在当地的维修点得到及时的修理，或者修理了，却被收取了一定的维修费。

每个电话都是兴师问罪、气势汹汹的，好像是我罪该万死，应该就地挖坑活埋一般！弄得我的火气也直往上冒。因为具体情况很多，我也不能听用户的一面之词。那个时候，我觉得这个岗位就是用来把我从淑女快速培养成泼妇的。有天，我和客户吵完，刚摔了电话，才惊觉老总就站在我身后。老总和气地对我说："千万别发火，用户花钱买的东西，用了一段时间出问题了，维修点没有及时给予免费维修或者维修的时候收钱了，顾客有意见是正常的，我们总得好好地了解情况：为什么维修部没有及时免费维修？是不是工作人员太忙或者顾客的手续不齐全？为什么收钱了？是不是人为的原因？零件坏了，需要更换？另外，你要想办法把工作变成有意思的事情，那样你就不会觉得工作是受罪了。"

把工作变成有意思的事情，老总的话一下子启发了我。是啊，既然不能改变我工作的性质，我总可以改变自己的心情吧！

下午，一个女性客户打电话来，怒气冲冲地说她的电视机出问题后送到当地的维修点修理，结果发现一个部件损坏了，换了后，收取了她 30

元的维修费。维修点告诉她这台电视机事先被私自打开过，然而，这位女士坚决认为电视机此前从来没有被打开过。我柔声地问："这位女士，说实话，是不是您事先打开过电视机呢？我们有规定的，私自打开电视机的，不在我们的免费修理条款内，所以我们收取你 30 元的维修费也是合理的！"对方立即在电话里大声辩解："怎么可能呢？我自己有没有打开，我还不知道吗？"我决定发挥我的想象，把各种可能都给她考虑到："是的，虽然你没有打开，也许是你家孩子好奇，用工具把后盖打开了；也许是你的家人图省事想少跑路，把你附近私人小维修店的伙计叫去修理，结果伙计没有修理好，而你的家人又没有告诉你；或者是你老公哪天喝酒喝多了，回家想看会电视，但是电视机却有点毛病，于是他亲自去修理，打开机器盖，困劲上来了，于是匆匆把后盖又安上，梅花起子向抽屉里一扔，就去卧室睡觉去了，第二天醒了，把修理电视机的事情忘记了；也许是你老公故意打开后盖的，平时把私房钱存放进内部，然后合上后盖，这样藏私房钱多保密啊，听说你要去修理电视机，他就把私房钱取出来了，整天电视机后盖开开合合，你却不知道……"我发挥想象，口若悬河地说起来，对方的语调终于小了下来："噢，你说的这些，也不算离谱，不好意思，麻烦你了，那我回去问问我老公，如果发现他敢在电视机里面藏私房钱，我肯定不会饶他的！"我放下电话后，为自己的想象力这么丰富而得意，笑得肚子都疼。

其实，如果公事公办地说"既然维修点的师傅说事前电视机被打开过，那肯定就被打开过"，那就太没有说服力了，弄得鸡生蛋、蛋生鸡地扯皮，估计到死也扯不清楚，还不如发挥想象，把各种可能都给她考虑到，她也就不认为是我们的错了。

因为经常接到全国各地的电话，能听到很多的方言，遇到说方言的，我就让他们自报家门，是哪个地方的，然后我就在心里学对方说话。时间久了，我居然能说很多方言，中午吃饭的时候，我就说给大家听，有时候还用方言唱流行歌曲，唱得怪怪的非常滑稽搞笑，大家都乐得捧腹大笑。

再后来，对方再用方言和我说话的时候，我就也用方言和对方交流，对方很惊喜地和我认老乡，说话立即客气多了，于是我们沟通起来非常愉快，一般都能给对方一个满意的答复。

时间久了，我把枯燥的"受气包"工作变成了既有人陪我聊天又能领工资的有趣的工作，我的工作积极性高了很多。年底，根据顾客反馈的表扬信息，我还被公司评为优秀员工，老总奖励我一个大红包。

把工作变成有趣的事情，既很好地完成了工作，又在工作中享受着人生的乐趣。我想，这应该算是工作的最高境界吧。

第 2 节 你的一周比别人多几天

初到上海工作的时候，为了节省开支，我和一个同事——徐姓山东小伙租了一套两居室。为了叙述方便，暂且称呼他为小徐吧。

小徐那个时候也是大学刚毕业，在我们这家贸易公司做网管。公司为了节省成本，给员工配置的都是顺延使用了多年的旧电脑，经常出毛病。名义上是网管，但是，公司的电脑坏了，小徐就得修理。于是，上班的时候，小徐把张三的电脑刚修好，李四的电脑就罢工了，李四的电脑刚搞定，王五的电脑却不行了……因此，小徐上班是非常忙的。

有天下班的路上，小徐说道："当网管没有多大发展，我以后准备改行当注册会计师！"我以为他只是因为工作累而发发牢骚，当时并没有在意。

没有想到，小徐还真开始了具体行动：买了一些资料书，业余时间就开始学习了。

我们租的房子客厅里有个大背投电视，卧室里没有电视。小徐不看电视，只我一个人看，他躲在屋子里看书，时间久了，我也习惯了，这样的生活，感觉非常清静，相当于一个人租了一室一厅一卫，但是价格却便宜很多。

没有好电视的时候，我就在周末或者节假日找同学或者老乡玩。后来，我迷上了骑车短途旅行，并在网上结识了一些志同道合的朋友，除非天气非常恶劣，其余时间就用来骑车进行几百里路的短途旅行。既锻炼了身体

65

又节省了资金，还认识了很多朋友。

又过了两年，在别人的介绍下，我谈了个女朋友，经常忙着卿卿我我的，不是陪着她逛街，就是陪她看电视，要么，就是在厨房想着花样做美食。基本上把小徐忘记了，因为他太安静了。有时候他开了卧室门去卫生间，在客厅我们相遇的时候，我还吓一跳，感觉好像突然冒出个外人，自己暗地里想想都觉得可笑。

几年下来，小徐的注册会计师还真考上了，拿了证后，他跳槽去了一家会计师事务所上班。又过了一年，他跳槽去了四大审计师事务所之一，每月工资3万多，按揭买的房，贷款还没有还完呢，人家又买了车。同事们议论小徐的时候，带着羡慕嫉妒恨的同时，还充满着不解：一个网管，几年的时间怎么就成了注册会计师了？大学的时候他学的也不是会计专业啊！听了大家的议论，我在心里默默计算着小徐平时花在学习上的时间：小徐几乎都是下午下班路上在小饭馆吃晚饭，回到家一般也就晚上八点了，他一般学习到晚上11点钟睡觉。从星期一到星期五，用在学习上的时间大约是15个小时。一天24个小时去掉必需的吃饭和休息，也就是15个小时左右。也就是说，小徐每个星期的前5天为自己"挤"出了一整天学习的时间。周末两天不上班，如果没有非常特殊的情况，他基本上在家学习。从某种意义上说，多数上班族的一星期是7天，但是，小徐每周却是10天：工作5天，从工作的5天中每天挤出3小时，结果挤出1天，再加上周末用来学习的2天。

那些勤奋努力的人，那些每星期比别人多几天的人，在事业上取得成功是必然的事情。在我们感叹自己现实生活中运气不好的时候，应该反省下自己，为什么没有把时间拉长？

第3节　面试时，更靠谱的并不是细节

我做过四年的人力资源部经理，面试的员工有上千人，如果让我谈面

试的最大感受，我想说的是：面试时，更靠谱的并不是细节。

我们公司从事 IT 行业，理工科出身的人很多不善言辞，只喜欢埋头工作。我面试的时候，只是测试下对方的英语水平而已。因为做技术顾问的，光技术好还不行，还得英语好。

有次，一个名叫田涛的面试者头发凌乱、睡眼惺忪地过来面试。他告诉我："我昨天加了一个通宵的班，根本没有回家，今天早晨直接从单位来这里面试了，不好意思，形象不好！"我笑着说："没有关系！"测试过他的英语后，发现他的英语非常棒，就夸奖了他几句，他不好意思地说："我以前在英国做过一年项目，身边很多都是英国人，所以受他们影响，英语口语进步比较快！"因为那天时间比较紧张，我采取群面的形式，四人一组地坐在我面前面试，从其他人微妙的表情上，能看出他们对田涛持嘲讽态度，觉得他这身打扮太不严肃。如果以"细节看人"，他肯定录用不上。

我们招的是技术人员，不是宾馆里穿戴笔挺的门童。这组四个人中，其他三人的英语不太好，并且从工作资历上看，这三人也远远不如田涛。

67

尽管他没有西装革履，尽管他只是穿着个普通夹克、运动鞋，但是，我依然让他过了面试。他是那组群面四人中唯一一个过了面试的。

田涛现在是我们公司的项目经理，工作能力有目共睹！

我经常遇到一些面试者，进来后眼睛不看我，而是在地上乱瞟，我明白那是他们准备在"细节上取胜"。我敢打包票，如果地上不小心有团扔弃的废纸，他们一定抢着去捡拾这团废纸，因为很多媒体上刊登的职场故事就是"某求职者捡拾了一个纸屑而被公司录用"。每当我看到这样的职场故事的时候，我就有种冲动，特别想联系上这个作者，问问他：你文章中的公司招聘的是不是清洁工？如果是清洁工，有那么个眼力架，确实应该录用，如果招收的是与公司业务相符的员工，为什么要以"捡拾纸屑"这个细节论英雄？如今规模较大的公司都有专职的保洁员，办公室地上有纸屑是公司内部保洁员打扫而不是员工捡拾。

还有的所谓的职场细节是"多打了一个电话"，内容就是多人参加求职面试，面试通过的几人中其中有个人因为某种原因放弃了，空出了一个名额，这个时候，某个落选的面试者打来了一个电话，咨询面试情况，于是，这个人就被补选上了。

这个故事普及率很高，于是造成了很多面试的落选者都给我打电话，都希望"多打一个电话"能带来奇迹。频频接听到这样的电话让我烦不胜烦、苦不堪言，毕竟我还有很多工作要做，我不是专职的电话接听员。这些人怎么就不想一想呢？如果真有空缺下的名额，面试官会从落选的但是面试印象相对较好的人里面选，然后电话通知，而不是谁打来电话这个空缺名额就给谁，这样的思路太荒唐了。

我们公司招聘技术人员的时候，常常有资深的项目经理和我一起面试。有的面试者穿着职业装，举手投足、言谈举止都很得体，但是，一问到技术上的问题，常常卡壳。一些人不修边幅，我甚至见过一个穿着毛衣过来面试的，但是，他的技术面试通过，英语面试通过，顺利地进入了我们公司上班。事实证明，他的工作能力非常不错，常常闷头工作。不修边幅的技术男多的是，别说我，就是其他同事也都见怪不怪了，从来没有觉得我把这个人招进来有什么不妥。

任何行业，看重的都是个人工作能力。例如广告公司招聘文案，面试的时候，就会有相关部门领导重点考察对方做文案的能力；如果是一些公司招聘销售员，关注点是他以前的销售业绩。

面试的时候，是应该重视细节，但是，如果想从"细节上取胜"，往往会让你大失所望。职场上需要的是胜任工作的人，是需要有工作能力甚至能够独当一面的人，而不是争着捡拾废纸团，争着"多打一个电话"等"做细节"的人。与"外在"的细节相比，修炼工作能力这方面的"内容"更为重要，也更加靠谱。

第4节　眼里要揉得了沙子

生活中，大家都知道婆媳很难相处，因为生活习惯、消费观念、教育孩子的观念等的不同，婆媳总会有这样那样的矛盾，一般都会尽量避免住在一起。但是，我同事陈黎却是一家四代同堂住在一套四居室的房子里。因为一家四代相处得其乐融融，尽管陈黎夫妻手头宽裕，但是，他们宁愿花钱买了间门面房出租也不买住宅房搬出去住。

陈黎家的四代人分别是：陈黎老公的爷爷、奶奶，陈黎的公公、婆婆，陈黎夫妻俩以及他们的儿子。这个大家庭里有四位老人，按道理说因为有代沟，很难长期相处。但是，陈黎这一大家人却生活得很和谐、很幸福。我向陈黎请教这里面的相处之道，陈黎笑道："其实一点都不难，那就是一定要学会'眼里要揉得了沙子'。一个大家庭，四位老人，老人的很多观念与年轻人差别很大，不可能大家说的话、做的事情都合你的意。不合你的意时怎么办呢？那就要包容，就要'眼里揉得了沙子'，这不就万事大吉了！"听陈黎说完，我佩服得要命。

我们公司是家高科技公司，薪资高、福利好，因此招人也比较挑剔。员工的学历基本上都是硕士或者硕士以上，就是行政人员也多是重点大学本科毕业的，只有陈黎是大专毕业。她之所以能进我们公司，是因为有熟识老板的人介绍。大家都很看不上陈黎这样学历相对较低靠熟人介绍进来的人。一些年轻气盛的同事就把不屑写在脸上。但是，陈黎假装没有看出来，她一直很真诚地对待大家，不管大家是讥笑还是挖苦，她都能够坦然接受，然后给予包容。如果因工作上有失误，受到指责，陈黎会感激对方提出的宝贵意见和诚挚的帮助，下次肯定会避免这样的失误。见陈黎为人如此和善、如此包容，很快，大家都不好意思再"鄙夷"她了，又过了一段时间，大家都在心里接纳了她，工作上也非常配合和支持她，她在公司的地位很快上来了。

由于工作敬业，再加上为人和善，从来没有与任何人发生过冲突，老板非常欣赏陈黎。陈黎进公司两年后，被提拔为行政部经理。对于陈黎被提拔重用，大家都心服口服，因为这时候大家看重的已经是她的职场能力和为人了，已经忽略了她的学历。当上部门经理后，陈黎从来没有以权压人，一些下属顶撞她也只是一笑了之后私下找下属进行谈心。正是因为陈

69

黎做人宽容、眼睛能容得下"沙子",正是因为陈黎为人平和重视沟通,她部门的人都很服她。既然部门下属都服她,这个部门的工作自然就非常好开展了。连续三年,陈黎被评为公司的优秀部门经理,第四年,陈黎被老板提拔为公司副总。老板说陈黎除了工作勤奋外,还有个很大的优点就是"很有人格魅力,眼睛里能揉得了沙子"。

职场小贴士:

职场中,讲究有能力,但是,也要讲究能包容,讲究有好脾气。一些人"眼睛里揉不得沙子",那样只能让人际关系变得很糟糕,因为不可能每个人说的话、做的事都让你很顺心。"眼睛里揉不得沙子"只能使得你与越来越多的人交恶,只能给自己的职场发展设置更多障碍,带来更多麻烦,影响自己在职场上的发展。如果"眼睛里能揉得了沙子",如果能包容人,那么就能做到与更多的人很好地相处,很好地共事,就能与更多的人团结,生活和工作都会轻松愉悦,也非常有利于职场的发展。

第5节 长假后如何快速进入工作状态

每年的国庆节和春节都会放长假,此外,比较长的带薪年假也很普遍。职场上有个长假综合征,就是过完长假后回来上班,精神不振作,心思老回不到工作上,经常出现丢三落四的情况。这样的情况往往能持续较久的时间,给自己的职场发展带来一定的负面影响,

我同事丁蕾这方面做得很好,我觉得她的方法可以借鉴并推广。

维持着平时的作息时间

丁蕾对自己的生物钟很重视,平时她都是晚上十点半休息,早晨五点半起床。虽然她很热爱旅游,但是,她在旅游的时候,绝对严格遵守自己

平时的作息制度。有时候，丁蕾和家人、亲戚或者朋友组团旅游，大家晚上在宾馆里兴致勃勃地边看电视边聊天，或者是高高兴兴地打扑克、斗地主，丁蕾从来不参与。反正大家组团出去旅游的时候，一般会开好几间房，十点半一到，丁蕾肯定睡觉。如果这些亲戚朋友在她房间里看电视聊天或者打扑克，她会让他们换个房间或者干脆自己换个房间休息。她休息她的，大家玩大家的，各不相扰。因为其他人晚上睡得晚，第二天早晨会比较贪睡，一般会睡到七点左右，丁蕾依然会按照平时的时间起床，然后打开台灯看会书或者是在手机上浏览新闻。

　　由于作息时间没有变化，长假过后正常上班时，丁蕾的生物钟没有被打乱，精神状态并没有受到影响。

职场小贴士：

　　长假期间，很多上班族一下子变得很任性，作息严重不规律起来，在网上恶补电视连续剧，或者熬夜打游戏、打扑克、斗地主等，简直变成了"长假夜猫子"！因为晚上熬夜，早晨一般不能及时起来，白天的时候还要出去游玩，结果精力和睡眠都严重透支，这就造成上班后无精打采、丢三落四，工作效率极其低下。因此，长假期间也要注意与平时的作息习惯同步。

长假旅游回来要留出充足的休息时间

　　丁蕾出去旅游的时候，并不是掐着时间，如果明天上班今天晚上才到家，她长假旅游一般都会提前一天回来，然后利用这一天的时间好好休息，缓解下疲劳，舒舒服服地补个长觉，第二天上班的时候神清气爽、精神抖擞。如果是去国外旅游，早回来一天正好可以倒时差，让自己错乱了几天的生物钟尽快地与北京时间接轨。

职场小贴士：

　　一些上班族为了"更好"地利用假期，总是在上班的前一晚甚至上班当天的凌晨回来，在外马不停蹄地奔波多日，再加上没有休息好，肯定影响上班状态。上班族最好提前一天回来，然后利用这一天的时间休整过来，这样就不会影响长假后的正式上班了。

先做些节奏慢、压力小的工作

长假归来，很多时候，人已经回来了，但是心还没有及时回归到工作中去，旅游的美景或者是长假期间和亲朋好友的一些聚会的幸福场景依然在脑海中萦绕，严重地影响工作。这样的状态，根本不适合做那种节奏快、压力大的工作，因为精神分散，做这样的工作容易出现严重的工作失误！

丁蕾每次上班后，总是先整理前期的工作，然后计划近期需要做什么工作，另外，把手头积压的那些不太重要的、压力小的工作先做完。等过了半天或者一天，在长假中飞走的心彻底回归到工作上了，才做那些节奏快、压力大的工作。

72

职场小贴士：

不管长假是出去游玩还是与亲朋聚会，短期内，脑海中总会浮现出那些快乐幸福的片段，耳边总会萦绕那些快乐的笑声。在还没有彻底收心，注意力不是很集中的情况下，建议先干一些节奏慢、压力小的工作，这样，不至于在工作中出现严重的问题，还可以向全身心工作状态顺利过渡。

第 6 节　坏情绪，不上班

我有个名叫罗青的同事，我们一起工作四年，我从来就没有见她生过气，经常笑眯眯的。这让我很是佩服，觉得一个二十多岁的女孩能这么沉稳，真的很让人佩服。

因为关系比较好，我知道罗青大学里谈了恋爱。大学毕业两年后，男友向她提出分手。她在单位里没表现出一点情绪，继续认真地工作，继续见人就热情地打招呼，继续在下午茶的时候与人谈笑风生。

罗青在售后服务部工作，主要接听投诉电话，有的投诉是合理的投诉，例如产品没有过保质期，特邀维修点却收了维修费，例如产品送到维修点，因为是免费维修，维修点不重视，就忙着自己其他收费的生意，客户的产品送来一个月了还不给修，这些，都需要售后服务部去协调解决。但是，一些人心情不好，就喜欢打投诉电话发脾气，例如有个女人和老公吵架，不小心把产品扔在地上了，质问为什么这个产品如此不耐用，为什么扔一扔就能摔坏。关于这些无聊的问题，罗青都会耐心热情地向对方解释。

接售后热线简直是个折磨人的工作，好多人工作不到一年就纷纷转岗或者跳槽，因为他们每天接那么多投诉电话，听那么多的责难，简直要疯掉。但是，罗青在售后服务这个岗位上坚持了三年，而且她是投诉最少的客服，有时候甚至半年都不会被投诉一次，可见她的工作热情和认真化解了客户的多少牢骚和怨气。

有天中午午饭的时候，我和罗青在食堂里坐一张桌子吃饭，我由衷地感叹道："罗青，我最佩服你的是你从来不生气，我都怀疑你不会生气。"听我这么说，罗青哈哈大笑："你这说得也太夸张了，我怎么会不生气呢？例如和男朋友分手，你知道的，我就气得要命，不过，这事已经过去了。例如我母亲生病，我就担心得要命。例如租房时间还没有结束，房东突然让我搬走，他要卖房，深更半夜的我带着两个大行李箱像孤魂野鬼一般在公交站台等夜班公交车，然后去投奔一个朋友……这些都让我情绪很糟糕，只是我不喜欢把情绪带到工作中而已，如果我的坏情绪短时间内无法排遣，我会休年假然后消化掉我的坏情绪，心情调节好了我再上班，因为人带着坏情绪上班最容易虐待工作，最容易在工作中发飙。我坚决不做那样的人，因为我不带坏情绪工作，所以我工作时状态非常好，很少有客户投诉我的工作态度。

罗青所说的话让我肃然起敬。"坏情绪，不上班"，这本身就是敬业的表现。很多人请年假是为了去游山玩水，把快乐带给自己，却把坏情绪带给工作和大家。罗青是把坏情绪带回家，把快乐带给工作，把好心情传递给大家。

半年后，罗青被提拔为售后服务部的部门经理，据说她给部门进行业务培训的时候，第一节课上的就是"坏情绪，不上班"。

职场小贴士：

相信每个上班族都有自己的烦恼，都有坏情绪，但是，能够正确处理坏情绪，能够不让坏情绪影响工作，这种精神就是敬业负责的精神。

第7节　多下蛋的母鸡能长寿

梁爽是我的一个同事，六年前，我们一起进入一家刚成立的公司。

当初，公司工资一般，福利一般，并且在偏远的郊区，很多人不愿意来。但就业不容易，刚从大学毕业的我们没有资格挑肥拣瘦，我和梁爽等几个人进入了公司，算是与老板一起创业的元老。当初创业的时候，条件确实很艰难，公司甚至无钱请厨师做饭，于是以前从来没有做过饭的老板从简单的煮面条开始学做饭，后来跟着一本菜谱学做菜，每天四顿饭(每天加班时有夜宵)都是他做。说实话，老板最辛苦，压力最大，不但想着经营管理，还得想着每天做什么饭炒什么菜。夏天中午的时候，大家在空调房里午休，老板汗流浃背地在厨房里做饭。

在老板的带领下，大家齐心协力，让公司获得了很好的发展，有了比较可观的盈利。公司成立第三年，刚开始在行业内崭露头角的时候，一些投资基金纷纷跑来投资。我们老板接受了三家风险投资的融资，总共有七千多万元。有了资金上的支持，公司开始快速发展。在公司的发展过程中，我们几个创业元老也被提拔为公司的中层干部，甚至高层(有个创业元老当了公司的常务副总)。第四年的时候，公司就从连同老板在内的只有九个人的小公司发展成了拥有三百多人的中型公司，这个发展速度确实比较快。

公司发展起来了，我们几个创业元老也得到了很多的实惠，比如我和梁爽等人的工资从当初的两千多元变成了两万多元，我们这些创业元老的干劲更足了。但是，梁爽除外。梁爽见我工作依然那么卖力，就嘲笑我："我看你就是卖苦力的命，以前你们部门就你一个人顶着，什么工作都是你一个人去忙，可以理解，公司小、公司穷、公司雇不起那么多的人来工作。但是，现在不一样了啊，现在咱们公司已经发展起来了，你手下也有十多号人了，兵强马壮的，你就把工作让他们干，你自己完全可以享受公司发展带来的胜利果实啊！"我听她这么说，不以为然地回答："你千万别这么想，老板都没有享受，他现在比以前更忙了，我们打工的有什么资格享受？"梁爽很有派地耸耸肩，表示对我说的话感觉"不可思议"。

梁爽拿着两万多元的月薪，每天就是在网上聊天、逛网店，或者打电话与朋友聊天。公司给她全额报销的电话费绝大多数都是她和朋友聊天的费用。

群众的眼睛是雪亮的，老板的眼睛更没有瞎。不管是老板还是梁爽的下属，对梁爽都很不满。下属私下里讽刺道："我们整天累死，我们的部门经理整天闲死。梁爽，她爹妈真会起名字啊，又凉快(梁的谐音的解释)又很爽！"员工的牢骚传到老板的耳朵里，原本就对梁爽憋了一肚子火的老板无法容忍下去了，他随便找了梁爽几处工作失误的地方，把梁爽解雇了！

被公司解雇的当天晚上，梁爽气急败坏地给我打电话："咱们都是创业元老，我的今天就是你的明天，与其到时候很被动，不如变被动为主动，提前跳槽，省得落到我这样的卸磨杀驴的下场！"听梁爽怂恿我辞职，我说道："我目前没有跳槽的打算，我觉得我干得挺好的，你被公司解雇，你怪不得别人，只能怪你自己，我以前也劝过你，可是你不听啊！"梁爽很恼火地说："你真是愚忠啊，你我都是这个公司的元老，如今我是这下场，你以为你以后就可以幸免？拉倒吧，别做梦了！"我说道："我不是愚忠，更不是做梦，我来给你讲个故事吧。一只小鸡问母鸡：'妈妈，你以前下了那么多的蛋了，为什么不好好休息一下呢？看在你以前下那么多蛋的份上，主人也会让你休息一阵子的！'妈妈回答说：'千万别指望休息一阵子，如果长时间休息，主人会杀了我的，所以，要想活得时间长久些，作为母鸡，就得不停地下蛋。'"我讲完这个故事后，电话那边的梁爽沉默了，过了一会，她说道："你是对的，停下来不下蛋的母鸡会丢命，一直辛苦下蛋的母鸡主人会珍惜它，这样的母鸡自然会长寿，谢谢你，我找到我的问题了，我不应该居功自傲闲待着，如果我一直下蛋一直认真工作，老板绝对不会把我辞退。"

职场中，一些人以为为公司做了一些贡献就可以享清闲，殊不知多下蛋的母鸡会长寿，忠诚而勤劳的员工会干得长久。

第8节　莫名地我就讨厌你

如果套用那首曾经很流行的歌曲《莫名我就喜欢你》中的歌词，职场中，一些人"莫名我就讨厌你"！

这种"讨厌"，当事人某天蓦然回首的时候，才感觉自己曾经是多么的荒唐……

冯敏进入一家公司销售部工作，底薪 12 000 元，公司的财务主管非常恼火，因为她的工资才 9000 元。一个新人月薪怎么能够比自己这个财务主管多 3000 元？看她个子不高、其貌不扬，她能有什么能耐？横看竖看，反正就是看冯敏不顺眼。看不顺眼，财务主管就和部门的出纳发牢骚。听的牢骚多了，出纳也觉得这个冯敏挺招人烦的！看着那么不起眼的一个人，凭什么能拿那么高的底薪？于是在单位里和冯敏走对面的时候，出纳要么扭转头，要么就是作"横眉冷对"的姿态，弄得冯敏很纳闷，一个劲在心里检讨自己，检讨来检讨去，结论是自己没有得罪过出纳，出纳那态度就是找茬、就是欠扁的态度！

没有想到，貌不惊人的冯敏居然是销售奇才，刚进公司三个月，销售业绩就达到了惊人的 700 多万元。财务主管赶紧打听，知道冯敏是被老总亲自挖过来的人才，她手里有着庞大的客户群。老总当初许诺下一个条件，如果半年内，冯敏的业绩能达到 1000 万元，提拔冯敏为副总。财务主管打听到这些消息后，吓了一跳，赶紧主动从以前的冷淡变为热情面对冯敏，并私下里请冯敏吃过两次饭，弄得冯敏逐渐对财务主管有了好感，但是，仍然不知底细的出纳还是在冯敏面前"冷若冰霜"。

第 5 个月的时候，冯敏的业绩就达到了 1000 万元。老总乐得合不拢嘴，他立即兑现了自己的诺言，在员工大会上宣布直接提升冯敏为副总，年薪涨到 30 万元，另外还有一定份额的公司分红。

因为销售回款和财务部有着紧密的工作联系，冯敏这个副总管理销售部和财务部，另外，还有售后服务部。

刚从一线销售冲锋陷阵后凯旋的冯敏让自己暂时放松下来休息。一天，坐在办公室里喝茶沉思的冯敏想起了出纳的找茬和冷脸，火气立即蹿上来。从此，她经常挑出纳工作上的毛病，然后小问题大发挥，在三个部门一起开的例会上批评出纳，出纳被批评得受不了而被迫辞职，这个时候，她才深深地后悔自己不该受财务主管的影响，不该在以前用那种态度对待冯敏。当初两人没有任何矛盾，自己落到被迫辞职的下场可谓是"自作自受"。

再举一个例子。

刘薇是家私企行政部的老员工。一天，部门里来了个新同事：40 岁左右的大脸盘女子，做什么事情都笨手笨脚的，电脑打字还非常慢，办公软件更是不会用。

尽管行政部主管安排其他人指导"大脸盘"工作，尽管"大脸盘"从来没有给刘薇带来任何的麻烦，刘薇就是看她不顺眼，就是觉得她非常笨：

如今10岁出头的小孩打字都飞快,这么大年龄了怎么打字还这么慢呢? 一次,刘薇当着众人的面问"大脸盘":你以前是种地的吧? 要不然打字咋这么慢啊! 其他同事听了后都掩嘴而笑,惹得"大脸盘"变成了"大红脸盘",她不好意思地说:"我不是种地的,我以前在市纺织厂上班,纺织厂倒闭了,我就来这上班了,以前很少用电脑。"刘薇阴阳怪气地说:"原来如此!"然后嘟囔道:"咱行政部在公司就这么没有地位? 电脑用不利索的都能进来上班!""大脸盘"的脸变紫了,不过,她假装没有听见,继续练习打字。

"大脸盘"是个很勤奋的人,两个月后,她就熟悉了工作,打字每分钟能打上百个,并且用的还是能体现出学习毅力的"五笔打字法"。但是,"大脸盘"的巨大进步一点没有改变刘薇对她的看法。作为一个资深员工,一个名校毕业的本科生,她觉得"大脸盘"就是那种能下"笨工夫"的粗人而已,对她所谓的进步不值得"刮目相看"。于是,她还是一如既往地对"大脸盘"不友好。

又过了半年,行政部主管被调到新成立的武汉分公司当经理去了,"大脸盘"被老总提拔为部门主管,这个时候,大家才知道"大脸盘"原来是老总的亲侄女。她以前在国企纺织厂上班的时候,老总就邀请她来公司上班,善良宽厚的"大脸盘"担心自己到了这里后给伯父添麻烦,于是就婉言拒绝了。下岗后,在伯父的盛情邀请下,"大脸盘"终于来到公司上班了,她是个很低调的人,从来不向部门同事透露自己和老总的亲戚关系,在她的请求下,老总也暂时守住了这个秘密。

老总见侄女工作上进步很快,很是欣慰,于是就提拔她做了部门领导。为了怕众人为难善良的侄女,老总向大家透露了她是自己的亲侄女。

虽然"大脸盘"上任后并没有为难刘薇,但是,部门同事为了讨好部门主管,纷纷疏远曾经对部门主管大不敬的刘薇,刘薇在部门很快被冷落孤立,她内心感觉很悲凉,回想自己曾经莫名其妙地让现任上司那么难堪,刘薇觉得自己真是傻透了。

　　职场中，心态要保持平和，不要受别人的影响而"敌视新同事"，也不要根据别人的长相或者年龄、打扮"歧视新同事"，因为对方也许以后变成了你的上司，也许对方就是老板的亲戚……等到自己受到打压或者被冷落孤立的时候，你就会感觉自己当初的"莫名我就讨厌你"是多么的荒唐，你就会为自己当初的草率和幼稚悔恨万分。

第五章

贵人青睐慈悲心

第1节　给苦难备个筛子

我有一个初中同学丁山，因为家穷，丁山父亲四十多岁才结的婚，在
丁山七岁的时候，他的父亲就病亡了。当年，他母亲抛下他改嫁。

丁山的爷爷早已经去世，丁山父亲去世、母亲改嫁的那年，他的奶奶已
经将近七十岁了，祖孙俩相依为命。为了尽早参加工作养家，学习成绩非常
好的丁山初中毕业后没有读高中，他上了中专。那个时候，中专生还包分配，
于是他被分配到一个镇水利站工作。刚参加工作，辛苦了一辈子的奶奶觉得
孙子以后不用自己担心了，老人拼命坚持这么多年最后耗尽了自己而去世。

刚参加工作不到一个月的丁山是借的钱安葬奶奶的。

工作不到三年，因为水利站精简人员，丁山下岗了。

丁山平时生活非常简朴，上班三年也积攒了一些钱，然后向亲戚、朋
友、同学、前同事那里又借了一些，因为丁山人品好，大家都愿意把钱借
给他，他总共借了十多万元。然后在奶奶去世后留下的破败但却宽大的老
屋里办了个养鸡场。那些肉鸡即将可以上市出售的时候，却遭遇了鸡瘟，
不到一个星期，养的几千只鸡全部死光。

背了一身债务的丁山南下广东打工，在一家磨具厂上班，每个月发了
工资后，除了给自己留下少量的零花钱外，剩下的钱都打入债务人的银行

卡里。就这么辛苦打工四年，丁山才还清以前向亲戚朋友以及同学借的那些债务。

　　无债一身轻的丁山这个时候准备跳槽换工作了。在广东几年，他发现做销售是最有前途的，只要干得好，就能挣大钱，而自己一个人无牵无挂，很适合长期出差跑销售。自己从小就吃了那么多苦，简直是在苦难中长大的，因此也不怕吃苦；自己从小到大经受过那么多的打击，从来没有被打垮过，所以，心理素质过硬。这些条件都适合做销售。

　　丁山毅然辞职到一家办公用品公司做销售。因为工作非常勤奋，丁山的销售业绩很好。工资、出差补助、销售提成加奖金，每年能挣几十万元。然后他在深圳买了房子买了车，再接着就是娶妻成家。

　　本来以为丁山所有的苦都到头了，剩下的都是甜了。没有想到的是：因为丁山工作性质的原因频频出差，一年有半年的时间在外面，他的妻子为排遣寂寞而与人网恋，网恋不过瘾，还见面约会，后来居然把丁山挣的那些辛苦钱供男小三挥霍享用。

　　纸包不住火，丁山知道妻子出轨后，毅然和她离婚了。

　　又经过几年打拼，丁山成立了自己的公司，然后又结婚成家了，有了可爱的孩子。丁山现在很少出差，他尽量把时间多花在经营婚姻与陪伴妻子和孩子方面。

　　前阶段我去深圳旅游，丁山闻讯后请我吃饭。饭桌上，我感叹道："你的经历我非常了解，你这一路走来真是太不容易了，吃了很多常人不敢想象也想象不到的苦！"丁山淡淡地笑了："没有什么苦不能吃的，反正我是有筛子的，那些苦难我通通都可以筛掉，然后继续轻装前行！"见我很诧异，他解释道："人生其实和走路是一个道理，负重不能远行，如果一个人把苦难扛着走，他一定非常辛苦、非常疲惫，走路也非常缓慢。那些苦难都是过去式了，没有必要还扛着啊，没有必要还带着啊，于是，每过一阶段，你都可以在心里把那些苦难筛选一遍，该筛去的、该丢掉的，一定要毫不犹豫地筛去、丢掉，这样，你的人生就会经常处于轻装前进的状态！这种状态与那些没有经受过苦难的人简直是一样的好状态。"我禁不住竖起大拇

81

指，为丁山积极乐观的人生观叫好。

职场小贴士：

　　人生不如意事十之八九，人这一辈子都会遇到很多烦心事，区别就是很多人把这些苦难事、烦心事放在心里，终日愁眉不展、唉声叹气，有的甚至把这些积郁下的不顺心发泄在别人身上，这种对待挫折的消极态度只能让自己的人生更加糟糕。只有像丁山这样的人才是生活中的强者，他们不断地把苦难筛出，不断地把苦难丢弃，然后保持愉快的心情和轻盈的脚步前行，这样的人生才会繁花似锦！这样积极的人生态度，就是上天看了也会感动，也会赏赐他幸福。

第 2 节　　你不是艺人

　　闫悦大学毕业后进入食品公司工作，公司生产高档系列饼干。闫悦不在生产一线工作，她是总公司市场部的一名文员。

　　闫悦工作很认真，也很敬业，从来不迟到不早退，加班更是积极，做的活动方案也非常棒，是市场部业绩最好的员工。闫悦虽然工作很认真，但是她平时衣着打扮却很另类，染金黄头发，穿的衣服有亮片，一走就闪闪亮，耳朵上戴着很夸张的大耳环，那耳环比她的耳朵还大，有时候也戴小耳环，但是一戴就是三个，一走耳朵边就丁零零地响，像是两只耳朵分别挂了一只风铃一般。不但耳边挂"风铃"，闫悦的裤脚下也挂着铃铛，手腕也挂着铃铛，一走全身丁零零地响，走在大街上，回头率很高。闫悦很得意，觉得自己很有魅力。

　　老总对闫悦的装扮很有意见，但是，一个男老总也不好出面批评闫悦的装扮，他就让闫悦的部门经理提醒一下。部门经理找她谈话后，闫悦一脸不高兴，她问部门经理："我染头发我戴耳环我染红指甲我戴小铃铛，影响工作了吗？如果说我工作不好，你批评我，我还服气，但是，如果因为个人的打扮爱好批评我,我还真不服气!《劳动法》里也没有限制员工这些。"部门经理说道:"是的,《劳动法》里没有限制这些,你的衣着打扮是没有影响到自己,但是,影响到大家了,部门的很多同事反映说你手腕一动,手腕上的铃铛就叮当响,很多同事开玩笑说本来正聚精会神地工作呢,一听到铃铛响,有种恍惚,感觉办公室里好像跑进来一条戴铃铛的狮子狗,下意识地向地面看,没有看到狮子狗,然后就转过神了,想起来是你手腕上的铃铛。然后大家又集中精力工作,结果你一动,大家又被惊扰到。你这不是破坏大家的注意力吗?"听部门经理这么说,闫悦的脸红了,她很不高兴地说道:"用电脑办公哪有不动手腕的道理?既然动手腕分散大家的注意力,那我把手腕上的小铃铛去掉好了。我也算让了一步了,其他的事我必须坚持,我的装扮我做主,法律又没有规定戴什么样的耳环戴几个耳环,也没有规定不允许染发,我觉得大家应该把注意力放在工作上而不应该放在我的装扮上。"

部门经理把闫悦的话反馈到老总那里,老总笑了笑:"那就随她去吧!"

又过了半年,市场部经理被调到外地一家分公司担任分公司经理。老总从市场部提拔了一位部门经理。这位部门经理不管是从资历上还是从业绩上都不如闫悦,闫悦很不服气,就去找老总理论。老总无奈地苦笑道:"闫悦,你看你的装扮,这是个部门经理的做派吗?你这整个一艺人的打扮啊!作为部门经理,有时候要和我一同参加重要的商务会议,人家一看你的装扮,就觉得不严肃、不靠谱,就觉得对人家不尊重啊!如果出去参加商务谈判或者商务会见,你代表的是公司的形象,因此,你还是踏踏实实地做你的文员吧,我对你的工作能力、工作态度很认可,但是,你是万万不能做部门领导的!"

闫悦没有想到自己平时不注意穿着居然直接影响到自己的升职,居然有这么严重的后果。"你不是艺人"这句话说服了闫悦,让她深刻地认识到自己以前是多么的偏执,多么的幼稚。

闫悦回到办公室冷静地想了想,她决定请两天年假,在这两天时间里,她要把头发染黑,要去美甲店把红指甲涂成淡色的,要买几件正规的职业装，然后清清爽爽地当个上班族。

第 3 节 责任高于热爱

我的表哥是个爱好很广泛、精力非常充沛的一个人，他喜欢唱歌并且会弹吉他，曾经在大三、大四两年去酒吧里当驻唱歌手；他喜欢旅行，是个资深的驴友，经常在节假日去一些荒山野岭搞探险；他喜欢喝酒，白酒喝上一斤不成问题，常常与朋友聚会时不醉不归；他还喜欢追最热门的影视剧，只要电影大片上映，不管票价多贵他都会去电影院看，尽管他也知道再过十天半个月，电影票甚至能打三折，那个时候看才划算，但是，他根本等不到那个时候。

如果按照传统的观点来看，表哥是个喜欢玩乐，是个喜欢享受生活的人，这样的人一般成不了大器。但是，事实上表哥却不是这样。

表哥大学里学的是广告专业，毕业后进入一家小广告公司做文案策划。

尽管表哥有那么多爱好，但是，他却经常主动加班，一直把自己的文案策划做到使客户满意为止。

表哥曾经遇到一个非常挑剔的客户，这个客户把表哥的文案批得一文不值。表哥一声不吭，背着笔记本电脑(他去客户那里常常带着笔记本电脑)去这个客户附近的一家肯德基店修改文案，三个小时候后，表哥把文案送给客户看，这次修改得比较合乎客户的要求，客户心情好多了，但是依然挑剔，依然提了一条又一条的指示命令。是的，客户非常强势，他让表哥修改时的口气就是命令口气。表哥把客户的要求记下，返回肯德基继续修改，当天修改了三次，第二天他和公司讲明情况后，又背着电脑到肯德基"上班"了，期间又去找客户审阅文案两次。当表哥第六次把文案拿给客户看的时候，客户服了："好好，就按照现在的策划做吧，近期我们公司要做一个电视广告，广告片也交给你们公司拍摄，但是我有个条件，必须交给你负责，交给你，我放心，如今职场上像你这么认真负责的年轻人已经不多了。"

就这样，表哥以他的认真负责攻克下一个又一个难缠挑剔的客户。

后来，表哥做到那个广告公司的策划总监没有多久，就被一家大型广告公司挖走做策划总监，如今更是跳槽到一家大型传媒集团做了副总裁。

表哥虽然爱好很多，但是，他从来都让自己的爱好给工作让路，表哥说："从进入职场签订劳动合同那天开始，就应该对工作敬业，再好的大片也得给工作让路，如果需要周末加班，我肯定不会去看大片；再好的旅游活动，我也不会放下手中没有完成的工作而去休假旅游；如果不是周五晚上或者周六晚上，我绝对不会喝醉，因为周五和周六晚上喝醉是有时间醒酒的，不会耽搁工作，不会影响工作状态。当然了，工作那么忙，我更不可能敷衍工作而去酒吧当兼职歌手了。"

生活中，一些人因为个人的爱好而把工作干得一团糟，工作的不顺使其又没有心情和物质条件把爱好做好，于是工作和生活都处于比较混乱和比较糟糕的状态，忙乎多年一事无成。

85

职场小贴士：

表哥的故事告诉我们：工作上，一定要让责任大于爱好，当爱好与责任发生冲突的时候，只能是重责任而轻爱好，只有这样，才能把工作干好，也只有这样尽心尽责，才能在职场上取得好的成绩。

第4节　化解"职场尴尬"的谈话技巧

一、坦诚向上司承认工作过失：是我工作失误，不过幸好……

曹杭是家服装公司的仓库管理员。公司仓库的几个员工下班后轮流值班：检查好门窗以及是否有火灾隐患，检查完毕后才能正式下班。

有天下班后，曹杭正准备检查窗户的时候，老公打来电话，说他需要加班，不能及时回家了，让曹杭赶紧去幼儿园接儿子。

平时老公回家较早，孩子一直都是他接的，如今老公突然需要加班，曹杭匆忙检查完窗户后就离开了单位。

把孩子接到家后不久，晚上八点多钟，居然下起雨来，还刮着大风。曹杭心里很不踏实，因为当天下班的时候走得很匆忙，不知道到底有没有工作失误的地方，如果仓库进了水就麻烦了。于是，她赶紧打车去了公司仓库。开了门后，发现有扇窗户居然大开，风把雨水吹了进来。挨着窗户的几大包衣服已经被打湿了，曹杭赶紧把窗户关好。

她明白了，肯定是这扇窗户本来是虚掩的，自己下班的时候匆忙检查没有发现，后来刮风的时候，这扇窗户就被刮开了。

第二天早晨上班后，曹杭去主任办公室汇报："主任，昨天仓库有扇窗户忘记关了，仓库里进了一些雨水，这是我的工作失误，我甘愿受罚。不过，幸好我后来及时赶到，才没有酿成更大的损失。"仓库主任开始的时候吓了一跳，心情非常紧张，不知道下属因为工作疏忽到底捅了多大的娄子，然后听对方说及时采取了补救措施，他的心里才感觉欣慰。他赶紧察看现场后，发现受到的损失并不大，于是就原谅了曹杭。主任把被雨淋的几包成衣当成"正常损耗"上报了公司，曹杭只是受到主任的口头批评，并没有受到公司的严惩。

职场小贴士：

职场上，如果因为自己的工作失误而造成工作上的损失，一定要及时而坦诚地汇报给自己的直接上司，承认自己失误的时候一定要强调自己的补救措施，让领导看到你积极主动的一面，这样，才能赢得领导的好感和谅解。

二、表现出善良和团队精神：某某的建议很好

王婧是一家咨询公司的商务专员。这家公司主要是出售技术服务，就

是如果一些大型企业需要安装一些管理软件，王婧他们公司就派遣技术人员前去安装，按天收取劳务费。商务专员其实类似销售员，是直接与客户打交道的，销售的是"技术服务"。

公司每月的费用比较高，老总想降低费用，却不知道如何下手。于是在员工会议上请大家出谋划策。商务专员陈青提出了很好的建议，能大大降低公司的成本。老总很是高兴："陈青的建议非常好，很可行，你们怎么就没有想出这么好的建议呢？"听老总这么说，其他几位商务专员心生嫉妒，故意用沉默来"淡化"陈青建议的重要性。下属这么妒贤嫉能，老总面露不悦之色。

这个时候，王婧开始发言："陈青的建议非常好，……"。听了王婧的发言，老总很是欣慰，满意地频频点头。

职场小贴士：

职场中，如果有同事在会议上提出好的建议，不要嫉妒地"强辞批判"，也不要用沉默淡化对方功劳，应该赞扬和力挺同事的好建议。这样，你就会给领导留下好印象。

三、委婉地减少工作量：我们把我负责的工作按照重要程度列个先后顺序吧

张蕾是一家外贸公司的出纳，每天负责公司烦琐的现金收付以及银行的结算，并且还负责去海关为公司的出口货品办理相关的"报关"事务，工作安排得满满的。

一天，财务主管说道："张蕾，以后去税务局交税的事情也交给你办理了。"张蕾每天的工作已经非常紧张了，如今又给她增加工作量，张蕾非常愤怒。但是，她是个很聪明的女孩，并没有把心里的怒火表现在神情

87

上，她笑眯眯地说："主管，我知道跑税务非常重要，我也很乐意多干些工作，可是，我手里已经负责了很多工作了，这样吧，咱们先放下各自手头的工作，把我负责的工作按照重要程度列出个先后顺序吧。"主管想了想，发现张蕾负责的工作都很重要，并且工作量已经很大了，于是，她很歉意地收回自己的工作新安排，把跑税务的工作交给了另外一位财务人员负责。

职场小贴士：

你的工作量已经比较大，但是领导又要给你"加码"的时候，千万不要强硬地拒绝或者气急败坏地发脾气，你只需要让领导帮助你"按重要程度整理出先后顺序"，让对方感觉到你的工作量确实很大，自然会把新工作安排给别人。对方也不会真地将你的工作按照重要程度排个先后顺序，因为如果这样做了，以后排在后面的工作不能及时完成，领导承担不起责任的。

四、冷静面对批评：谢谢你的建议，我会认真考虑的

刘婷婷是家公司的前台，负责来访人员的登记、公司报纸的收发以及出差人员车票、飞机票、酒店的预订。

公司订的几份当地的报纸，上面常常刊登一些当地商场或者大型超市的打折消息。

报纸是邮递员先送到物业的前台，然后物业前台再按照楼层从低到高挨个公司发送。当然，如果公司前台主动说自己去物业前台取报纸，物业前台就会提前把报纸抽出来单独放置，以方便公司前台及时取走。

公司的一些同事总是想尽快知道当地一些商品的打折消息，于是批评刘婷婷："你每天把报纸拿到公司总是太迟了，有时候上午快下班的时候才送到，影响大家翻阅啊！"刘婷婷说道："没有办法，是物业送得比较

晚。"同事听了后，有几人建议刘婷婷："物业送报纸确实挺慢的，一般
送到咱们公司的时候，差不多已经中午了，其实，你完全可以上午九点半
左右下楼去物业那里取报纸，如果那个时候，报纸还没有到，你在那稍微
等一会就行了。"刘婷婷不想上班的时候擅自离岗，因为那会造成一些陌
生人不登记就擅自闯入公司推销、求职甚至是偷窃。她说道："谢谢你的
建议，我会认真考虑的。"接下来，刘婷婷以公司利益为重，继续坚守自
己的岗位，报纸依然是物业人员送上门来。这样反复了几次，提意见的同
事碰了软钉子，也就罢休了。

职场小贴士：

　　职场中，难免会有同事对你的工作指手画脚地批评。很多时候，同事
只是站在她(他)个人的角度上去评说对错。作为职场中人，应该以单位的
利益为主，对待那些不正确的指责，只需要一句"谢谢你的建议，我会认
真考虑的"，就可以以柔克刚地把对方的嘴堵住。

89

第5节　这些信号提示职场需"充电"

一、职场上的顺风顺水

　　张可是一家医疗器械公司的财务部主管。公司刚成立的时候，她就到
公司工作，从出纳到会计，然后升职为财务部主管。因为是老员工，连老
总和张可说话都比较客气，其他老员工与张可惺惺相惜，相处比较融洽，
比张可资历浅的员工对张可更是尊敬。作为部门领导，张可的工作只是"动
动嘴"，指挥下属干具体工作就行了。

　　工作轻松，大人家关系和谐，薪资较高，张可在职场上算是顺风顺水。
但是，张可是个很有忧患意识的人，她明白自己的"顺"是因为自己在这

个公司里有"资历"，如果换个规模大的公司任职，自己在工作能力方面肯定会捉襟见肘，于是，她决定给自己充电。

节假日以及工作日的每个晚上，张可都用功学习，只用了短短两年，她就通过了注册会计师的考试。

考取注册会计师后的半年，公司老总不想费力经营，于是把公司卖给了一家同行业的外资大企业，这家外企收购公司后，对公司员工进行了调整，人家有自己的财务总监，于是，张可就被调整掉了，只是得到了一些赔偿金。这个时候，张可庆幸自己这两年给自己进行了充电。

拿着自己的工作履历表以及注册会计师证书，张可很快在一家大型民企找到新工作，还是担任财务总监，工资是以前的两倍。

职场小贴士：

人在职场，要有忧患意识，不要被眼前的"顺"所迷惑而麻木了自己的进取之心。在"顺境"中失去动力的人必定会得到像那"温水里的青蛙"一样的下场，以后想往高处蹦也无能为力了。

二、职业停滞期

肖薇是家公司人力资源部的人事助理，工作内容就是发布招聘信息，协助经理筛选求职简历以及面试求职者，管理员工档案，办理员工的入职以及离职手续等。这些工作，肖薇已经连续干了三年，已经非常熟悉了，肖薇感觉自己每天的工作总是在不断地、机械地重复，简直就是停滞不前！

职场的道路还很长，肖薇不愿意再这样继续下去了，于是，她开始在业余给自己充电。她报考了人力资源管理师的考试。这种考试每年考两次。肖薇只用一年半的时间就取得了中级人力资源师的资格证书。肖薇有了专业证书后，加上多年的工作经验，顺利地应聘进了一家新成立的公司担任人力资源部经理。

职场小贴士：

职场上的人事、行政等工作一般没有什么创新，工作内容总是重复，职场当事人就感觉自己到了职业停滞期，老是"原地踏步走"。这样的工作，因为含金量不太高，随时都可能被人取代，因此，一定要及时充电，让自己变得更为专业，然后向管理层发展。

三、工作中出现"不明物"

陈硕是家集团公司的总裁办公室文员，集团公司收购了两家化工企业后，这两家企业变成了这个集团公司下属的两个分公司，从此，陈硕收到的传真以及电子邮件内容，就有很多她不明白的化工专业上的专业术语。陈硕看到这些内容后简直是一头雾水，总裁问起某方面内容的工作汇报发过来没有，陈硕总是支支吾吾地不知道如何回答，关键是她不明白老总问的是哪份汇报(她看不明白)。

工作中出现了"不明物"，让陈硕工作很是被动，于是，她紧急充电，学习相关的化工知识，并且主动学习和了解这些化工产品的原材料以及生产流程等。不久，陈硕就能看明白专业工作汇报，工作起来也就游刃有余了。

职场小贴士：

世界每天都在发展，职场上也每天都要努力、每天都要进步。当工作中出现"不明物"的时候，说明自己已经不太胜任这项工作了。为了不影响自己的职场前程，必须"立刻充电"。

四、跳槽之前

彭亮是家公司研发部的技术人员，为了个人发展，他准备跳槽。在正式跳槽前的几个月，他给自己充电，在互联网以及最新的专业期刊、报纸上了解到本行业最新的重大研究成果以及一些大公司的研究方向，并且跟着电视上的英语节目恶补了一阶段的英语口语。

后来，彭亮去一家美资企业应聘，技术总监是美国人，用英语面试的时候，因为彭亮事先给自己充过电，于是和"洋总监"交流没有任何障碍。"洋总监"聊了一些专业的问题，彭亮也准备得非常充分，回答得非常好，于是，彭亮顺利地通过了面试。

职场小贴士：

水往低处流，人往高处走。职场中人跳槽往高处走是应该的。但是，既然往高处走那就必须具备和"高处"相匹配的职业技能，于是，跳槽之前一定要用充电来提高自己的职业技能。

92

第6节　甘当绿叶，不当枯叶

苏静大学毕业后，应聘进一家大型民企做销售助理。公司的销售共分东、南、西、北四个大区，每个大区都配备有一个助理。

销售助理的工作说白了，就是给销售员做保姆：给出差的销售员订机票、火车票；给去外地出差的销售员打电话提前预订当地的宾馆；草拟销售合同；管理已经签订的合同；统计客户欠下的货款额；卖出的产品出现质量问题，要负责协调给客户维修或者调换；做投标用的标书；帮助销售员催要货款……销售员签订一笔合同后，剩下的诸多事情都给销售助理做，然后他们去攻下一个客户。销售助理整天忙得晕头转向的，但是，拿的却是不多的固定工资。那些销售员，除了工资外，还有非常可观的销售提成。

销售员因为业绩好，觉得公司的利润基本上都是他们直接创造的，所以，他们出差回来后，在公司里都是牛气哄哄的。老总高调表扬销售员的业绩以示鼓励，其他部门的同事对销售员的高收入很是钦佩和羡慕，销售员们既落实惠又长面子，但是，从来没有人重视工作烦琐、压力大的销售助理所付出的艰辛劳动。

因为销售助理这样的工作干得非常烦心、非常没有成就感，更主要的是，销售助理的月薪和销售员的月收入相比，差别实在太大，所以，有些助理就没有心情再给销售员那些"红花"当"绿叶"了，她们干本职工作的时候，总是能偷懒就偷懒，标书做得也比较匆忙，反正即使中标，也是销售员拿可观的销售提成，不会有助理的任何好处。

销售助理的消极工作，引起了一些销售员的很大不满，他们不断到老总那儿投诉，老总的办法就是解雇工作不认真的销售助理。于是，公司里的销售助理像走马灯一样来来去去。

公司所有的销售助理中，只有苏静的工作干得最认真，她清楚自己工作的性质，不和"红花"去攀比，只是默默地甘心做"绿叶"。销售员们通常会突然接到客户通知去投标，于是，会紧急通知助理做标书。苏静常常下班后加班或者牺牲掉自己很多的双休日时间去赶做一本本标书，她总是高质量地把厚厚的一本或者几本标书及时交给准备前去投标的销售人员。

四年来。公司的销售助理被解雇了十多人，但是，只有苏静一直认真地工作。其实，助理的工资并不少，每个月有5000多元，只是相对于提成丰厚、月收入好几万元甚至十几万元的销售精英们，显得有些少。比来比去，把那些销售助理的心比得不平衡了，就没有工作干劲，就从"绿叶"变成"枯叶"了。苏静一直把自己定位为绿叶，从来不与"红花"去攀比，所以，她这枚绿叶一直在岗位上"常绿"，一直没有被当成"枯叶"而扫地出门。

半年前，公司的后勤部主管被派往外地分公司任经理，苏静居然被调到后勤部任经理。面对提升，苏静忐忑不安地对老总说："我一直干的是销售助理，恐怕干不了这个行政主管。"老总笑眯眯地说："我相信自己的眼光，一个甘心当绿叶的人肯定会干好后勤工作的，因为后勤工作就是为公司的其他部门人员服务的，工作的实质就是当'绿叶'。"

苏静上任的第一天，给部门下属开了个会议，语重心长地告诉大家：在职场上，如果自己的工作性质必须是绿叶，那么，自己就要踏实地认真地为"红花"服务。心态浮躁、不踏实做绿叶的人，很快就会在职场上被当成"枯叶"扫地出门。

第7节　你不是橘子

同事苏萌是个善良热情的女孩，在我们公司，我觉得她活得特别的累，因为她总是顾及太多人的感受，总是想讨好每个人，结果，弄巧成拙。

苏萌是我们公司的广告文案，每次拿出的文案都非常有创意，老总看了特别高兴，她的策划一般都能得到老总和客户的认可，返工的比率很小。因为她的创意新颖，非常吸引受众人群的眼球，广告效果非常好。

老总是个喜欢用红包刺激大家工作激情的人。常常在开例会时，当着大家的面，老板就会走到大会议桌某人的面前，把红包直接拍出，然后笑眯眯地说"奖励 3000 元"或者"奖励 5000 元"。这种效果非常好，好得都没有人有心思听老总讲话了，一个个呆若木鸡地在那想着心事，要么就是羡慕领红包的人，要么就是嫉妒领红包的人。

因为苏萌的文案通过率非常高，工作成绩优异，她领的红包最多，所以，也最被大家羡慕或者嫉妒。

后来，老总也觉得这样先发红包再讲话的方式容易让大家开会走神，于是变成先开会后发红包了。

有人的地方就有矛盾，有人的地方就是江湖。苏萌因为常常得到夸奖，常常得到红包，与其他几个文案的关系微妙起来。心态好的，只是疏远她而已，心态不好的，常常酸溜溜地说些刻薄的话，什么首席文案啦，什么红包拿得手发软啦，等等。苏萌只得尴尬地笑，她不想得罪大家。

为了缓和与大家的关系，苏萌在工作上就不下那么大的力气了。因为她喜欢写文章，干脆晚上不再为工作主动加班了，而是为着自己的爱好加班。工作不那么努力了，工作质量下降了，红包少了，几个疏远她的部门同事和她关系亲近起来。苏萌觉得这很好。自己的收入没有少，工作上少用些心，写稿上多用些心，稿费弥补红包，何乐而不为呢？

但是，因为工作成绩下降了，老总对她非常不满。这个时候，不知道谁打报告说她不好好工作，上班的时候尽写稿子，然后百度出很多文章发给老总看，老总把苏萌叫到办公室里狠狠地批评了她一顿。她辩解都是业余时间写的稿子，老总问："既然有那么多的时间和精力，为什么就不考虑工作？"老总对苏萌有意见了，就给她施加压力，文案总是反复修改反复补充才能过关，弄得苏萌身心疲惫。

苏萌不好好工作，让部门主管高兴了，因为作为主管，不再担心苏萌的良好业绩超越自己了。但是，业绩好的同事开始瞧不起苏萌了，说苏萌以前也就那两下子，现在头脑僵化，已经落伍了。

同事中，有的人高兴，有的人歧视，老总生气，这样复杂的局面是苏萌以前没有想到的。她想自己低调地工作，然后业余写点稿子，和大家一片和气，多好。但是，结果不是这样。

那天，苏萌跑到财务室里和我倾诉，我说道："是你自己想复杂了，当初，你好好地干工作就行了，没有必要为了让一些人高兴而主动降低工作质量，你这想法有些可笑。你不是橘子，你不可能兼备着酸、甜、涩等多种口味，你顾及的事情太多，把自己整得身心憔悴。"

苏萌听了我的话后，又恢复成最初的工作状态，勤奋地工作，工作质量又上去了，红包又开始多了起来。一年后，她被公司提拔为创意总监，工资翻了一倍。

生活中，每个人都不能像橘子那样有着多种味道，适合很多人的口味，只要认真干好自己的事情就行了。当你在人际关系中陷入迷茫的时候，你一定要在心里对自己说：我不是橘子。

第8节　职场没有高大全

　　洪莉毕业于一家名牌大学，毕业后的两年内，她换了四家单位。在每家单位，虽然她的工作能力强，也非常敬业，但是，单位中总是有着"太多"的她"看不惯"的人让她憋气，与其看着憋屈，不如立马走人换个工作环境改善自己的心情。于是，就这样，两年内，她换了四个地方，我们公司是她的第五个职场落脚点。

　　洪莉第五份工作就是落脚在我担任部门经理的人力资源部，她的工作岗位是人事助理。经过一段时间的接触，我发现洪莉工作能力确实挺强，悟性很高，干工作上手很快，做事情很麻利，工作效率很高，口才也挺好。

96

　　这么一个聪明能干的优秀女孩应该可以在职场发展得很好啊，为什么到哪个单位都与人家气场不对呢？怎么弄得像个职场斗牛士呢？

　　一天中午吃饭的时候，我们恰巧坐在一张桌子上。洪莉一见到我，饭还没有顾得吃上两口，就唠叨开了，听她唠叨的内容，以前她所工作过的几家单位里好像没有人她能看得上似的。就是我们现在的单位，她也看不惯很多人。例如，甲心态很平和，人缘很好，做事情很稳重，但是，洪莉评价人家"整天慢得像头牛，做事情效率低得像头猪"。乙工作能力强、效率高，但是，乙是一家不出名的大学的专科毕业生，于是，洪莉又从学历上评价人家，还说人家外语很糟糕，没有过四级。其实，我们单位工作上用不上外语，外语好不好与工作没有什么关系。

　　连续抨击几个旧同事和新同事后，我以为她该闭嘴了，没有想到，这只是热身而已，她开始重点抨击前任老板，说前任老板其实没有什么本事，就是从他老爸手里接下的公司……我实在听得不耐烦了，于是，我问道："那么，这个老板从他爸手里接管公司以后，公司走下坡路了吗？"洪莉想了想，老实地回答："没有走下坡路倒是真的！"我叹息道："既然没有走下坡路，你凭什么看不起人家？你就不觉得人家实际上是个干大事的人？'创业难，守业更难'，既然接管后，公司在他手里发展好好的，就说明人家是个人物，你怎么死活看不起人家？"洪莉不吭声了，不过，能看出，她对我的批评还是有点不服气。

过了会，我说道："刘德华没有姚明个子高，但是，姚明拍电影没有刘德华厉害！"

洪莉是个聪明人，她立刻领悟到我话里的意思，脸一下子涨得通红。

那天我们交谈之后，洪莉不再用自己的长处去比别人的短处了，不再对身边的同事横挑鼻子竖挑眼了，也去掉了以前的心高气傲，心态平和了。她与同事相处，不再专盯着别人的缺点不放，而是重视了别人的优点，在工作中与大家合作得很好。

一年以后，洪莉就被公司提拔为行政部主管。

在职场中，要牢牢记住"刘德华没有姚明高，姚明没有刘德华的演技好"的道理。每个人都有自己的长处和短处，不能在职场中总拿自己的优点和别人不足的地方比。这样越比越觉得自己很高大，越比越觉得自己是个人才，于是骄傲情绪就会迅速地滋长、迅速地蔓延起来。

清醒地知道"刘德华没有姚明高,姚明没有刘德华演技好"这个道理，你才会真正融入工作团队，你才会在职场中得到很好的发展。

第9节　香水不是用来喝的

刘蕊从一家名校英语系毕业后，在一家广告公司找到了一份行政助理的工作。刘蕊负责的工作比较琐碎：给出差人员订机票、购买办公用品、收发快递、调度公司的车辆，等等。

刘蕊对这些工作非常不感兴趣，觉得干这些不重要的工作简直是对自己才华的埋没，所以，她对工作没有一点积极性，一有时间就在单位的其他新人面前眉飞色舞地讲述自己"辉煌"的历史：大一的时候，她参加系学生会主席的竞选，过五关斩六将，取得了最后的胜利，当上了系学生会主席，在她的带领下，学生会的工作做得非常好；大二的时候，她的英语六级就过了，是班里第一位过英语六级的女生；大三的时候，她参加全省大学生辩论赛，作为第一辩手，她率领的代表队取得了全省大学生辩论赛二等奖的好成绩……

刘蕊讲的这些大学时代的"丰功伟绩"，同事已经听腻了，但是，她还是百讲不厌。

因为刘蕊的工作做得一塌糊涂，部门经理对她意见非常大，其他的相关同事对她的工作能力也很有质疑，弄得刘蕊烦不胜烦，感觉自己更加委屈：本来就是屈就这个非常平凡的岗位，做着最普通、最没有技术含量的工作，现在居然还受到一些人的责难。她心里更不服气，于是更频繁地发牢骚。大家觉得她简直是个职场怨妇，在公司内都躲着她，这样"雪上加霜"的境遇使得刘蕊心中更加郁闷。

刘蕊有个学姐，是她的老乡，比她高两届，两人关系比较好。学姐现在是一家大公司的人力资源部经理。一个周末，刘蕊去拜访学姐，向学姐诉说自己的职场烦恼。学姐静静地听完后，问了刘蕊一个奇怪的问题："香水是用来喝的吗？"刘蕊当即回答："香水当然不是用来喝的，是用来喷洒身上或者房间的。"学姐意味深长地说："你既然知道香水的用处，那么，你肯定也知道你才华的用途啊！"刘蕊当即领悟，脸一下子涨得通红，不由自主地低下了头……

以前，出差人员提前告诉她出差的时间以及去处，她总是不重视。当出差人员临近出差了，追问她机票订得怎么样了，她才想起还有这么一档子事情，于是急急地订机票。机票预订得越早，享受的打折实惠越高，订票的时间越晚越"吃亏"。因为刘蕊以前工作拖拉，让公司多花了很多冤枉钱。购买办公用品的时候，她也懒得与人讨价还价，结果价格就有些偏高；还有公司的快递，不知道为什么莫名其妙地就比正常快递要晚一两天。

拜访过学姐后，刘蕊开始认真地解决这些问题。即将出差的同事刚和她讲明出差的情况，她立即就预订机票，这样就最大限度地享受了打折实惠，给公司节省开支。她不再去零售办公用品的摊位买办公用品了，而是去批发，并且磨破嘴皮，发挥口才优势，把办公用品的采购价格压到最低，尽力给公司节省钱。经过调查，她发现公司常用的这家快递其实是家小快递公司，在国内很多城市根本没有营业网点，都是收到快递后，再转给实力雄厚的大快递公司发送，从大快递公司挣点"回扣"，就是标准的"二道贩子"。弄清楚这个情况后，刘蕊直接和一家大快递公司合作，不但快递的发送速度比以前快了很多，而且价格也压了下来。

刘蕊还抽时间把公司的许多资料翻译好，然后让网管发到公司的网站上，有家外企从公司网站上看到公司的具体资料后，居然主动让刘蕊他们公司代理他们的广告，签订了相当大数额的广告代理合同。

刘蕊的学识和潜力发挥得非常好，深得部门主管以及公司老总的赏识，不但给她涨了工资，老总还提拔她当了行政部的副经理。

是的，香水不是用来喝的，同样的道理，一个人的学识和能力也不是用来炫耀的！刘蕊非常感谢学姐，让她在职场的迷途中找到了方向。

99

第10节　在职场上推"独轮车"

进入职场两年了，赵刚越来越感到困惑：在职场上，如果工作成绩不好，单位里上上下下都瞧不起你，觉得你没有能耐；但是，如果你拼着力气把工作做得非常优异了，可以扬眉吐气、直起腰说话了，又惹得一些人嫉妒，说风凉话、疏远你，甚至是结成同盟在工作上刁难你、对付你。不管工作干得好还是坏，在单位里都不会得到大家的欢迎。这样的事情弄得赵刚非常郁闷，一肚子的委屈。

听完赵刚的诉苦，爷爷哈哈大笑："其实，这个事情非常好解决。20世纪50年代的农村有种独轮小车非常普遍。这样的小车因为就一个轮子，车上装满东西后推着行走不容易把握平衡。推这种小车有个诀窍，就是乡亲们所说的"扭屁股"。推这种车行走其实就是一路上"扭"着走。当小车车头向左边拐的时候，推车人向右边扭胯；当小车的车头向右边拐的时候，推车人向左边扭胯。这样就可以使小车达到平衡。那时候汽车非常少，路上安全，推小车的人都是在路上这么不断地扭来扭去推着独轮车走的。如果直直地走，不但推着非常费力，而且还不容易把握小车的平衡，小车会经常歪倒在地甚至会翻车。其实，你刚才说的职场上的事情和推独轮小车是一样的道理，关键是把握好平衡。"

听了爷爷的话，赵刚恍然大悟。从此，在工作中，赵刚努力地工作，力争把工作尽心干好。当工作成绩做得好的时候，赵刚的态度"反方向扭"，不是眉开眼笑、扬眉吐气，而是变得非常低调、非常谦逊。别人酸溜溜地夸奖两句，赵刚立刻说："承蒙大家帮助，我在工作上才取得这些成绩。"

职场上对待出类拔萃的人，同事的心态一般是比较矛盾的，就是既佩服又嫉妒。但是，工作成绩好的时候，当事人为人谦虚谨慎，大家也就不好意思挑他的毛病了，也就没有讽刺、挖苦、刁难的理由了，剩下的只是佩服和羡慕。如果因为工作状态不好或者偶然的失误造成某阶段工作成绩不好，赵刚反而表现得很有斗志，这样的斗志让别人看了，内心很是佩服，觉得此人真是铁打的意志，不能小瞧。慢慢地，赵刚在职场上行走得很"平衡"，与同事的关系相处得也非常和谐。

在职场上成绩好的时候，不要随之得意；业绩不好的时候，不要随之泄气。要像推独轮车那样，按与车头相反的方向"扭胯"，这样才能在职场上走得稳健，从而在职场的道路上走得更远更长久。

第11节　职场甘蔗没有两头甜

陈平大学毕业后的第一份工作是给一家茶叶销售公司做行政。这家公司已经成立十多年了，公司为了节省成本，在郊区租的写字楼办公，而陈平为了房租便宜，也租住在郊区，离上班的地方乘公交车只需要五分钟，如果步行也只需十五分钟。因为公司每天早晨九点上班，所以陈平早晨八点钟才起床，洗漱完毕，吃点简单的早餐然后去上班，从来不迟到。有时候，陈平还步行去上班，觉得既免除了挤公交车之苦又锻炼了身体，挺好的。

中午，尽管只有一个小时的休息时间，但是，陈平还能乘车回去睡半个小时的午觉。在北京上班，中午还能回去睡个午觉，这本身就是个奇迹。陈平的一些朋友很羡慕陈平的工作清闲并且离家近。

但是，陈平也有不满意的地方，那就是她的薪水不高，每个月的工资3000元，还不到交个人所得税的档次呢。每个月除了房租、吃饭、手机费、网费、购置简单的衣物等，根本剩不下钱。过年的时候陈平都不好意思回老家，因为毕竟工作了，想给父母买点礼物孝敬都没有钱，于是只能以没有买到车票为借口而不回家。

陈平实在忍受不了这份薪水相对来说比较低的工作了，于是，她跳槽到市区一家外企做行政工作，税后工资将近6000元，基本上是以前工资的两倍，也就是说，如果按照以前那样的花销，她每年可以积攒下大约三万元，年底的时候可以风风光光地回老家去了，可以给父母买些体面的礼物尽孝了。

这家公司虽然给的工资高些，但是离租住的地方太远，每天早晨又是公交又是地铁的要将近两个小时才能到单位，晚上回家也是如此。也就是说，每天光花在路上的时间就有四个小时左右。另外，公司还有加班的习惯，动不动就加班，一加班就加到晚上八九点钟，害得陈平回到家都将近半夜了。

陈平有心在现在的单位附近租房子，但是，因为现在的单位在三环内，房租比较高，就是与人合租，一间卧室也得两千余元，另外，因为是市区，生活成本也比较高，这样算下来，如果搬家，每月根本剩不下钱，生活质量简直和跳槽前一样，于是，她就不准备搬家了。

陈平现在工资是高了，但是，上班的路程以及上班时间长了(经常加

101

班),她又有新的不满,觉得自己实在是非常辛苦,每天路上以及上班时间和加班时间加一起,快有 16 个小时了。起得比鸡早睡得比狗晚!陈平每天心情很不好,经常发牢骚,有时候还和领导顶嘴。终于有一天,领导生气地对陈平说:"你如果对现在的工作不满意,你完全可以辞职!"陈平不吭声了,因为从内心来说,她舍不得这份工作。

职场上,像陈平这样的人比较多,这山看着那山高,工资高、工作压力大的时候,就想着工资低、工作压力小的工作,离家近但是工资低的时候却又渴望找份工资高的"离家远些也愿意"的工作。

但是,职场上没有百分之百如你愿的工作,就像甘蔗没有两头甜一样。因此,每个职场人要想清楚自己到底需要的是什么。如果需要的是清闲,那你只能找份工资低的工作,如果需要的是高些的工资以及能够有发展空间的工作,那么,你就要找份能够锻炼自己、对自己有挑战的工作。

职场上的甘蔗没有两头甜,喜欢瞻前顾后的一些上班族应该牢牢记住这一点。

第 12 节　不付热情就要付代价

我们小区附近有个小型的菜市场,菜市场里盖的有一排排的简易房并出租给商户。菜市场里共有两家卖肉的商户,两家租的简易房挨着。两家商户简称为甲和乙。

两家都是女老板,甲老板是个热情似火的人,并且记忆力惊人,只要去买过一两次肉,她就牢牢地记住你了,下次再从她门前过,她就笑得如鲜花盛开一般,热情地和你打招呼,看那样子,如果不是肉案子挡着,她肯定会从店里面跑出来和你握手。弄得顾客很不好意思,即使没有打算买肉的,被她的热情所感染,也会进去买肉了。买肉的时候,一些顾客抱怨自己家的菜刀钝,但是又找不到专业磨刀的人。甲老板就热情地让顾客把刀带过去让她老公磨,他们家有上好的磨刀石。很快,她老公成了专业磨刀工了,每天都能免费磨几十把刀。

乙老板待人冷冰冰的，去她店里买肉，如果你不说话，她根本就不会搭理你。如果和她说话了，她的表情和语气也都是冷冰冰的。顾客比较窝火：我花钱难道是买"冷脸"的啊？隔壁就是卖肉的，老板娘热情似火的，我何必在你这受气！于是都到隔壁买肉去了，哪怕隔壁生意火爆需要排队，也不愿意看乙老板的冷脸。

第二年，乙老板挂出店铺转让的牌子，但是没有转让出去，估计大家都觉得甲老板太会做生意了，没有信心和她竞争，于是就没有人接这个店。

第三年，乙老板的生意开始红火了起来，原来她降价出售，待人也开始热情起来。后来我去菜市场买菜的时候，一个热心的大妈推荐我去乙老板那里买肉："她那里很便宜很划算的！"于是我抱着试试看的态度买了一次，真是不买不知道，一买吓一跳：甲老板那里卖小排，26元一斤，而乙老板这里，只要20元。五花肉、精瘦肉等，普遍都比甲老板那里便宜很多。我已经在甲老板那里买过两年的肉了，面对乙老板这里的"低廉价格"，我简直不敢相信自己的眼睛！我当时问乙老板："你这边的排骨、肉啊怎么卖得这么便宜啊？怎么回事啊？"乙老板笑了："天，不知道你们都怎么了？都嫌我这里的肉、排骨卖得便宜，还有嫌便宜的，真够搞笑的！呵呵。"

不是我们搞笑，而是我们长期在甲老板那边消费，已经形成了价格惯性了，大大低于那边价格的，大家就觉得有些不正常。

我们这个小区是个新建成的小区，附近没有大型的菜市场，也无法比较价格。知道乙老板这边的价格后，我特意在一个周末坐车去周边一些大型的菜市场看看价格，这下子才知道，乙老板那里就是正常的市场价，而甲老板那里是暴利价！

从此，我就固定在乙老板这里消费。熟悉后，有天我就问乙老板："你看你现在生意多好啊，前两年，你整天弄得像冷面美人一般，都把顾客赶跑了！"乙老板哈哈大笑起来："什么冷面美人啊，我和你说，我以前性格就是内向，不爱说话，特别是不爱与陌生人说话，并不是故意冷淡大家的。那两年生意奇差，第一年只挣了1000多元，第二年挣了2000元，把我气得够呛，去饭店打工刷盘子一个月比这一年挣得都多。于是我就想把店盘

103

出去，我和老公打工去，但是，没有盘出去，房租呢，整个年度的已经交了，我只能硬着头皮干下去。我也总结自己的教训了，明白自己生意差在哪里，于是我就开始改变自己的性格。人的性格是很难改的，不是说江山易改，本性难移啊！难移不是说不能移，你看我性格不就变过来了嘛！"

乙老板做生意走了一段艰难的弯路，原因居然就是那么简单：缺乏热情，结果使得自己付出了很大的代价——两年加一起只挣 3000 多元，不如现在半个月挣得多。

生意场上如此，职场上也是如此。有些人在职场上整天冷冰冰的，根本不愿意付出热情。播种什么就收获什么，对待别人冷淡，别人对他也冷淡，但是，职场上的很多工作都需要同事间甚至部门间共同协作完成，一个人际关系冷漠的人处处得不到别人及时的、热情的协助，职场业绩肯定不会好。职场是只讲究业绩的地方，业绩不好，还有什么好的职场前程呢？

在职场人际交往中，付出你的热情吧，如果不愿意付出热情，你只能在职场中付出"寸步难行"甚至"走投无路"的代价。

第六章

没人在乎你开什么车到达目的地

第1节　不要轻看无花果

　　周谨与赵红两人是大学同学，因为成绩优异，毕业后，两人一起被一个有实力的大企业录用。

　　这个企业各方面待遇都好，当然，管理也非常正规。例如，规定员工迟到了扣钱，每次扣三元，一个月迟到三次，全勤奖扣发；请假，必须把书面的请假条递到部门主管手里才行，打电话和发手机短信都不算数。

　　北京在早晨上班高峰的时候，经常堵车。赵红住的地方比较远，所以，每个月总有几次迟到。

　　周谨住的同样也远，但是，她总是严格遵守单位的规章制度，对于该罚的钱，从来没有异议。然而，赵红却像一个"愤青"，经常喋喋不休地发牢骚："单位的制度太严格，交通那么紧张，虽然坐地铁快，但是，不是还得倒公交车吗？另外，请假怎么可以打电话或者发短信不算？还得亲自到单位递请假条？如果重病，难道让得爬着到单位来不成？真是太没人性了。"赵红越说越愤怒。周谨虽然对一些制度也心生怨气，但是，她并没有到处发牢骚，工作更是没受影响，还是一贯地兢兢业业。

　　赵红见周谨这么"不开窍"，这么为公司"卖命"，就很生气，觉得周谨真是太老实了。公司这么苛刻，还努力工作个什么？于是，她不屑再在周谨面前发牢骚了,而是在其他同事面前继续抨击单位的"种种弊端"。这些怨气通过别人的口舌传到老总的耳朵里,老总很是生气。

公司赏罚分明,对于勤奋工作、干出好成绩的员工,公司总是能及时给予奖励。这种鼓励员工努力工作的制度,几乎每个公司都会有的。

在大学毕业后踏入工作岗位的两年内,周谨共获得过公司 7 次物质奖励,奖金最少的是 1000 元,最多的一次是被评为公司的优秀员工,奖励了 3000 元,前前后后,一共拿了 12 000 元的奖金。

同样,因为工作上兢兢业业,对公司很忠诚,上班将近两年后,人力资源部经理升任为副总,老总提拔周谨担任了人力资源部的经理,工资一下子翻了一倍。

与周谨形成鲜明对比的是,赵红因为带着情绪消极工作,工作效率自然不高,所以,在工作上就没出什么成绩。两年中,她没有得到过任何的奖励。另外,又加上她经常牢骚满腹的,影响公司的士气,老总很是恼火,对她很是冷淡。

周谨当了人力资源部经理不久,老总通知她去和赵红谈话:"她的合同到期了,单位不与她签新合同了,请她另谋高就。"

这是周谨工作以来,第一件棘手的任务。毕竟都是同学,共同工作了两年。可是,老总已经发话了,无奈之下,周谨还是找赵红谈话了。赵红一听,眼泪立即流出来了,她不服气地说:"我就不明白,咱们两个都是一个班的同学,都是同一年进入这个公司的,现在的情况怎么差别怎么大呢? 你高升我走人!"

周谨耐心劝说道:"其实,任何制度都有利有弊,任何公司的制度都不是完美的,主要是看利是否大于弊。公司的制度又不是针对你一个人制定的,你只管认真执行就是,但是,你却因为对制度心怀不满而消极怠工。你这是忽略了结果而看重过程。其实,任何一个兢兢业业的人在公司里都会得到很多实惠的。老总需要的是努力工作的人,而不是消极怠工的人,可惜这个道理总是被很多人忽略,就像无花果一样,虽然不开花,但是,它一直默默地努力,最后还是结满了沉甸甸的果实,不要轻看无花果,不要轻看平时工作的勤奋。"

赵红的脸一下子发烫起来，是的，这个教训真是太大了，等她找到新工作以后，她也要勤奋工作，因为只有那样，才能像周谨一样得到奖金、提拔、加薪的实惠。

第2节　好虎别得罪一群狼

田冲是一家公司市场部的员工，他工作很勤奋，业绩很好，并且他是个非常直爽的人，看不惯的事情总喜欢说出来，要不然憋在心里就很难受。

有次公司做调查问卷活动，周末两天，田冲都在街上拦住行人，赔着笑脸说尽好话，早晨顶着星星出门，晚上戴着月亮回家，两天下来才得到八十多份调查问卷。但是，甲同事居然做了二百多份调查问卷。田冲很纳闷，于是就把这二百多份调查问卷仔细看了看，发现有不少问题，因为这些问卷中有三分之二是三种笔迹写的，田冲怀疑甲同事是找亲戚朋友代写的，是敷衍工作，应付调查问卷任务。虽然甲同事交上去的调查问卷是全部门份额最多的，内容也是最"全面"的，但是，开总结会的时候，部门经理只表扬了田冲，并且还不点名地批评"有些人弄虚作假糊弄工作，还真把我当傻子了？如果下次再这样，我肯定不会轻饶！"田冲见甲同事当时脸就红了，内心感叹：何必呢，你看弄虚作假自己都心虚脸红，偷奸耍滑哪是职场正道啊！

田冲后来偷偷和其他同事说了自己的发现，说甲同事的调查问卷有很多是亲戚朋友代填的，那天部门经理暗指的就是他。结果这话很快就传到甲同事那里了，甲同事从此与田冲结上了梁子。

有天早晨例会上，部门经理让大家考虑下一个新产品推广活动的策划，让大家每人写一份交上去，然后大家开会讨论。因为田冲那天上午的工作不忙，他干完手中的工作后就开始写部门经理布置下来的策划书。田冲闷头一口气写了两个半小时，中间连口水都没有顾得喝。这个策划书算是一气呵成，田冲很满意。

午休的时候，部门的其他同事都去楼下溜达去了，办公室里只有乙同事和田冲，乙同事问道："我看你一上午闷头写东西，是写那个策划书吧？根据你的水平，肯定写得很棒！我可以先睹为快吗？"听到乙同事的吹捧，田冲很高兴，于是把策划书从文件夹里找到后，打开让乙同事看。乙同事看完后，连连称妙！

没有想到的是，大家都把策划书交上后，在开会讨论的时候，部门经理决定按照乙同事的策划书执行。让田冲很恼火的是，乙同事策划书中百分之九十的创意都来自田冲，剩下的那百分之十是修正了田冲的策划书中不成熟的部分，结果弄得比田冲的策划书还要出彩。

田冲当初还是留有一手的，就是他写完策划书后在信箱里作了备份，并且公司的办公室里安装有摄像头，能看出那天中午乙同事在田冲的电脑前看东西。田冲把这个事情向部门经理举报了，部门经理也找乙同事谈了，

但是，乙同事死不承认剽窃了田冲的创意，并倒打一耙说田冲不好好上班，经常偷偷在网上看小说，那天中午田冲是向他推荐一部小说的一个片段，并不是田冲说的什么策划书。田冲电脑备份也没有任何意义，只能说他写过这个策划书，只能说思路撞车了。然后乙同事拍部门经理的马屁，说是在部门经理的英明领导下，大家的业务水平都有了很大长进，考虑问题变得高瞻远瞩也变得全面起来了，思路差不多，那不就撞车了嘛。部门经理被这马屁拍得心里暖暖的，再说了，这个事情确实没有找到确凿的证据，所以剽窃创意的事情就不了了之。但是，乙同事却与田冲结下了梁子。

田冲在这家公司工作了一年半，同部门的五个同事都因为这样那样的原因与他有了矛盾。然后他们团结起来，一起挤对田冲。田冲在会议上的提议绝对会遭到他们的一致反对，工作上的配合绝对会遭受他们的一致拒绝。部门经理为了得到大多数下属的支持，对于田冲的受排挤采取"假装没看见"的态度。这一切弄得田冲工作很难进展，后来只得愤愤不平地辞职。

田冲其实从一开始就可以避免与大家交恶，例如甲同事的弄虚作假，

领导已经知道了，田冲没有必要显示聪明而向别人透露自己的"发现"。例如乙同事要看他的策划书，告知其还没有写即可，为什么非得给人家看？因为田冲说话、做事不谨慎，把大家都得罪了，也把自己弄得很被动。

职场小贴士：

好虎难抵群狼，因此，聪明的老虎是不会得罪一群狼的。职场中，说话做事还是处处小心为好，少给自己树一个敌人，就会少了份工作上的阻碍，就会有利于你职场上多出一份成绩。

第3节　奖牌什么时候颁发

他是一个成绩优异的学生，大学毕业后，很幸运地进入一家大公司试用，三个月后，他顺利地通过了试用期。

但是，试用期过后，老板并没有大幅度地给他涨工资，只是象征性地涨了几百元，他非常愤怒，于是，就辞职了。

因为他毕业于名校，再加上他的形象气质好，谈吐不凡，所以，没有费什么事，他又找到一份工作。可惜的是，几个月后，他发现这个老总依然很抠门，依然不肯给自己大幅度地涨工资。

他不相信天下的乌鸦都是这么黑，于是，他执著地去寻找能给自己高薪的"白乌鸦"老板。

就这么折腾了一年，他也没有折腾出什么名堂。他是个性格倔强的人，坚信是金子必然会发光，他就是想找个配得上自己这块金子的好去处，然后给老板好好地"发光"。这一次辞职的时候，人力资源部的经理拿着辞职手续请老总签字。刚通过试用期不久，苦日子熬过去了，怎么就拍屁股走人？老总感觉非常奇怪，好奇之下，就到了人力资源部。他正在气呼呼地等着手续办完拿自己的离职工资。

老总问道："你为什么辞职呢？是发现我们这有什么问题吗？"他郁

闷地说："没有发现什么问题，只是试用期过后，给我的工资涨得太低，我想换个地方。"老板点了点头，沉默了一下，老总问道："奥运会的奖牌，是什么时候颁发？"他说道："当然是比赛以后发啊！"老总说："那为什么不在比赛以前发呢？"他立即明白了老总话里的意思，脸一下子红了。老总笑了笑，和气地说："小伙子，你再考虑一下，如果你还愿意留下来，你就把你的辞职报告拿回去。"

他拿回辞职报告，在很多人惊奇的目光下，他又回到了自己以前的工作台。

坐在工作台前，他默默地想："我一定要把自己的水平发挥出来，然后得到自己应该得到的职场'奖牌'"。

从此，他开始踏实工作，不再想着跳槽。他把办公室当成了运动场，开始最大限度地发挥自己的能力。

他是技术人员，熟悉了公司的产品以后，他开始主动申请去跑销售，他觉得自己的口才不错，也能吃苦，再加上懂技术可以给客户详细分析以及安装调试，更是一个优势。老总批准了他调换岗位的要求。

工作一年后，他这个从来没有销售经验的人，居然跑出了几个大单子，给公司销售出去 1000 多万的产品。除去每笔产品的提成，年终，老总还给他发了 6 万元的年终奖，并且破例提拔他为销售部的副经理。

奖牌总是在比赛成绩出来后才颁发；职场上，加薪升职，也都是在做出漂亮的业绩以后才会实现。弄清楚先后顺序，一些初涉职场的"千里马"才不会本末倒置，才不会在折腾中埋没自己的才华。

第 4 节 "小题大做"铺就职场平坦路

陈柳是家公司的行政部文员。一天，公司接到一个请柬，邀请老总参加本市的一个行业内部的交流会。老总对这样的行业交流会不感兴趣，但是拒绝了又显得太不礼貌，以后在业界的口碑就会受影响，于是老总折中了一下，就随便指派了新员工陈柳去参加会议。当时，陈柳在公司走廊里和老总走了个对面，她礼貌地向老总问好，老总点了点头算是回应。走了两步后，老总停住脚步回转身问道："下星期有个行业内部的交流会，你代表公司参加，随便拿些会议资料，我看看就行了。"

从老总漫不经心的态度中，陈柳也知道这个会议不是很"重要"，尽管如此，陈柳还是决定"小题大做"，认真准备。她查阅了行业内的很多资料，制定了一些行业的建议。这些建议都是精心准备的，很有实用价值，可以更好地促进这个行业的健康发展。于是，当会议主席让陈柳代表公司发言的时候，陈柳提出了很多好的建议，被这次会议制定的新的行业章程采用了。陈柳还特意带了公司的很多宣传资料，让其他的公司对陈柳的公司印象非常好。

半个月后，在一家大型商业会议上，几家同行业的老总都向陈柳的老总夸奖陈柳，说陈柳提的很多行业建议都非常好。老总没有想到随意派去的员工居然"小题大做"，给自己制造了一个"意外惊喜"，内心很是高兴。

公司每隔一段都会聚餐，因为以前负责这项工作的员工调换到其他的部门，陈柳的工作包含给公司预定聚餐的饭店。以前聚餐都是随便打个电话预约一下就行了。陈柳接手这项工作以后，居然利用业余时间对公司附近的一些大饭店进行了考察，最后选了个味道最好、价格又比较便宜的饭店作为公司的定点饭店。因为公司的员工来自五湖四海，每次聚餐，陈柳根据大家籍贯的不同、口味的不同，点不同的菜系，大家非常满意，都夸奖陈柳考虑问题周到。

老总是黑龙江齐齐哈尔的，陈柳专门让饭店备了一桌东北菜。

预约饭店，以前一个电话就能搞定的事情，陈柳总是认真写上菜单，然后仔细给饭店前台吩咐清楚才放心离开。

老总见陈柳总是把"小事情"当"大文章"来做，他很欣赏这种负责的"小题大做"的精神，于是，一些重要的事情开始交给陈柳去办理。陈柳发扬以前的"小题大做"的精神，认真负责地尽力把老总交代的每项工作都干得非常完美。

一年后，陈柳被老总提拔为行政部的经理。

职场上，很多人往往把公司交给的任务"大题小做"，这样不负责的、敷衍的工作态度很快就会被老总识破，要么被解雇，要么就会被打入冷宫，被列为不能重用的人员行列。如果想在职场中有好的发展，就必须认真对待公司分派给自己的每项工作，以"小题大做"的态度把这些工作做得尽善尽美，这样认真负责的人才能担当更多的重任，才能在职场上踏上平坦路。

第5节　好马也要吃回头草

孙莉大学毕业后，进入一家大型民企的行政部做职员。三年后，因为出色的工作能力，她被提拔为行政部经理。她主要负责公司的车辆调度、办公用品的购买、展会的布置、快递的收发、出差人员的酒店预订、员工的福利等工作。经过多年的工作磨合，孙莉与相关人员工作配合得非常默契，各种工作干得很顺手。

但是，工作久了，孙莉对自己的这份工作也有些"审美疲劳"了，总觉得自己应该找份更好的工作，应该在职场上挑战自己，争取更大的发展。

于是，孙莉跳到了一家更大的民企做行政部主管。因为不是这家公司"土生土长"的部门领导，缺乏群众基础，对于这个从别处"空降"下的部门经理，本公司行政部的几位老员工很不买账，工作上故意刁难孙莉。另外，孙莉与其他部门的工作也协调不好，因为其他部门的人员也不买她的账。

更让孙莉泄气的是，这家公司的老总脾气非常大，常常为员工工作上的一点小失误就在员工例会上大发脾气，毫不客气地点名批评。因为孙莉工作上缺乏大家的支持，部门工作做得很不如意，于是，她受到的批评最多。每次在众目睽睽下挨批评的时候，孙莉就非常怀念以前公司里和气的老总，非常怀念以前工作很默契的部门同事，但是，好马不吃回头草的思想让她死要面子活受罪地硬扛着。

那天，老总因为脾气不好，开始借题发挥，指责孙莉把整个部门领导得一塌糊涂，把孙莉训得脸成了紫茄子色。孙莉感觉自己实在待不下去了，于是，她果断地辞职了。

孙莉后来又换了几家公司，但是，没有一家合适的，总是工作得很不顺心。这个时候，孙莉明白职场上其实很讲究缘分的，她非常后悔离开自己干得顺风顺水的第一家单位：老总很和气，很容易与他沟通，也非常信任她；部下很拥护她；同级的其他部门的领导对她也很友好；还有就是，她在那工作了好几年，很多工作已经非常熟悉，她的工作进行起来得心应手。

认真思考了半天，孙莉鼓起勇气给"老领导"打了个电话："老总，我在外面晃悠了一大圈，有了对比，更加感觉以前良好工作氛围的可贵，感觉自己其实最适合在那里工作，因为有过教训了，心不再浮躁了，如果老总您肯给我一次机会，我一定更加珍惜机会，一定努力地工作。"老总听了哈哈大笑："好好好，你出去一圈也好，回来后，就能把心收回了，就可以安心地工作了，对于公司来说，也是好事情。你就像一个充满幻想的女孩，疲惫后才觉得家其实是最好的，欢迎你回家。"听到老总这么说，孙莉非常感动，泪水默默地流了下来。

"吃回头草"的孙莉从此非常珍惜自己的工作，工作很敬业，她想以自己的勤奋回报老总的宽容，老总也知道孙莉的苦心，于是对她更加信任。今年年初，老总把孙莉提拔为公司的副总，吃"回头草"的孙莉在职场上又迈了一大步。

职场上，人与单位是很讲究缘分的，如果工作氛围非常适合自己发展，如果"回头草"非常鲜美可口，那么，回头"吃草"才能得到史好的"养料"，才能在职场上成长得更快、发展得更好。

在最适合自己生存的草地上，吃回头草的好马会长得更加健壮！职场中，返回最适合自己发展的"老地方"，个人能力才能得到更好的发挥，做出更加优异的职场成绩。

第6节 没病走两步

赵莉是一家公司的会计，大学毕业后就在这家公司的财务部工作，一口气工作了6年。

让赵莉郁闷的是，作为资深员工，领导应该很器重才是，不知道为什么，近期老总连续批评了她三次，说她的工作效率有问题。赵莉内心很是不服气：有什么问题？我已经工作6年了，已经很有工作经验了，分内的那些工作早已经干得非常熟练了，效率怎么会成问题？

看到老总对自己越来越不满意，赵莉心中也非常郁闷。一个周末，赵莉邀请自己大学时候的同学高红吃饭聊天。听完赵莉的倾诉后，高红皱起了眉头，她严肃地对赵莉说："我看你是患病了！"赵莉觉得高红的话莫名其妙："我好好的啊，前阶段公司组织体检的时候，我健康状况很好啊！"高红叹息道："我说你病了就是病了，不信你就站起来，没病走两步！"

看着高红一脸严肃的样子，赵莉觉得非常滑稽搞笑！赵莉笑嘻嘻地站起来走了几步。高红看了后，得意洋洋地说："果然症结找到了，你患的是职场松懈症，具体表现就是走路松松垮垮，磨磨蹭蹭！两腿似乎失去了弹性！一般患这种病的人都是职场'老人'，并且多是在一个单位干的时间比较久的，因为是老员工，人际关系达到了平衡：上司念其是老员工，一般轻易不会批评；平级的同事惺惺相惜，和平相处；因为资格老，新员工比较尊敬。于是，在单位里没有人'挑刺'，没有人监督，没有压力，工作水平下降也很少有人指责，于是，在职场上就这么松松垮垮地混下去，走路的姿势也从心生，开始散漫松垮起来。这种职场松懈症一般需要自己治疗，需要时刻提醒自己以饱满的精力和敬业的精神认真工作，绝对不能有一丝的懈怠。"

赵莉听高红这么说，脸一下子热了起来，是啊，近两年，自己确实没有工作激情了，干工作干得麻木了，每天在单位都是无精打采的。因为是会计，经常去银行办事，但是明知道银行排号紧张，她也不慌不忙的，常常用大量的时间在银行里排队。

找到了症结后，赵莉每天加强锻炼，就是为了提高精力；并且，赵莉每天早晨都会在台历上写上当天要及时办完的工作。因为有了提醒，做事情就有紧迫感了，效率就高了一些。另外，赵莉去单位写字楼下面的银行取号后，不再像以前那样在银行里坐着"休闲"了，而是又回到单位继续工作一阵，估计快轮到自己了，然后再去银行。

赵莉经过个人工作状态的调整，工作效率大大提高！不管是客户的应付款还是单位员工报销的费用，都能够及时办理完，大家都非常高兴。很快，大家开始在老总面前说赵莉的好话了。老总见赵莉又重新焕发出职场活力，很是欣慰。

"病"好的半年后，赵莉当上了公司的财务主管。

职场中的"老人"们，一定要警钟长鸣，一定要时刻提醒自己不要在职场上松懈，不要怠慢自己的本职工作，只有在职场上保持"健康状态"的员工，才能得到领导的器重，才能够在职场上有良好的发展。

第7节　漏水的勺子能舀大鱼

陆敏是个大大咧咧的人，大伙总说她简直比男人还男人。

陆敏大学读的是工科，进入公司后，一直在研发部工作。刚进入公司的时候，部门经理简直是把陆敏当成个勤杂工来使唤：保管器材，做会议记录，加班的时候出去给大家买盒饭，忙的时候，大家在一起攻关技术项目，经理让陆敏去打扫部门办公室的卫生。这明显不把陆敏当技术人员使用，明显是看不起女生。这个部门经理太大男子主义了。大家都劝说陆敏向老总反映：她是技术人员，不是勤杂工。陆敏笑了笑，什么话都没有说，杂务活照样干，本职工作也没有放松，并没有闹情绪，也没有和上司斗智斗勇。

一次，研发部对公司的一项产品进行技术革新，大家纷纷发言，陆敏也积极地发表自己的看法，经理还没有听完，就不耐烦地说："你这个想法很幼稚，不要再说了"。陆敏当时尴尬得脸通红。

第二天，陆敏提出休年假，公司准假。大家窃窃私语，都说部门经理把陆敏气得回家休息去了。经理自己也有些内疚，给陆敏打电话，结果手机关机，大家推测陆敏是回老家探亲去了，不想接长途加漫游的电话，于是就关机了。

一个星期后，陆敏回到了单位，虽然面容憔悴，但是，她眼睛里却掩饰不住兴奋。她提了个大纸袋，里面装的是满满的复印材料。她说她在首都图书馆泡了几天，又费尽周折去了一所大学，请教了一个院士，结果，那个技术难题终于解决了。整个研发部都为解决这个难题忙得焦头烂额却没有任何成效，没有想到陆敏居然把这个难题解决了。大家兴奋的同时也很惭愧，本来以为这个女生使小性子回家探亲或者旅游去了呢，没有想到她居然废寝忘食地解决难题去了，并且占用的是自己休假的时间。年假才一个星期，这次休完，以后就没有办法休了，把休息的时间用来工作，大家觉得陆敏有点傻。当有人委婉地表达这个意思的时候，陆敏哈哈大笑："我才不傻呢，我说休年假，是为了排除外界的干扰，如果我说去图书馆查资料，领导不批准怎么办？自己少休息几天有什么关系呢，只要把工作干好就行了。"大家纷纷摇头叹息，还是觉得她真是太傻了。

不管怎么说，陆敏帮助公司解决了一款产品的技术攻关难题。老总一高兴，给陆敏发了个 3 万元的大红包。没有想到，陆敏自己只留了 1 万元，其他的交给部门经理分发给大家了，她的理由是这项攻关项目，前面工作大家都付出了很多的心血，自己是站在大家的成绩之上前行的，少走了很多弯路。

大家都觉得这个陆敏真是傻到和钱过不去的地步。接下来的两年，陆敏还是这么抢着付出，等到出成果了，她自己却后退，把功劳让给别人。

公司发展壮大以后，老总准备提拔个副总负责公司的技术工作，大家以为提拔的肯定是技术部的部门经理，没有想到，老总把陆敏直接提拔当了副总。

116

看到大家目瞪口呆，老总笑道："我小的时候，父亲在公社食堂当炊事员。一个夏天，由于发洪水，上游水库的水漫了出来，水库养殖的很多鱼顺水游到食堂附近的一条小河里。很多人拿着水桶或者脸盆舀鱼，只有我父亲拿着把破得漏了几个洞的大马勺去舀鱼，结果那天，就数父亲舀到的鱼最多，装了整整两水桶。原因就是父亲清楚地知道自己需要的是什么，于是把水漏掉了，舀到的都是大鱼，而很多人，连水带鱼一起舀，成绩非常小。"

听老总这么说，大家这下子都服气了。陆敏何尝不是这样的人啊，她把一些不重要的细节纷纷忽略掉、漏掉，只想着多创业绩、多给公司做贡献、多团结团队，只想着获得最重要的东西，这样的人最有资格当副总。

从陆敏的职场传奇升迁上，我们明白：不要计较职场上的一些小利益，就能得到职场上的提升，把小利益"漏掉"，才能获得很大的成就。

第8节　你的职场"积温"是多少度

马莉从一家名牌大学毕业后，进入一家大型民营企业的企划部工作。初进职场的马莉工作很有激情，经常不辞劳苦地主动加班，在她的努力下，公司成功地策划了两个活动，给公司带来了一定的社会效益，树立了良好的企业形象。这样的效果，简直比花10倍的钱在媒体上做广告还划算。公司给马莉发了两万元的奖金，并且提前转正，马莉非常自豪和得意。

取得一定职场成绩的马莉见自己已经转正了，于是工作态度开始转变了，工作不再像以前那么努力了，待人接物也不像以前那么随和了。一些本职工作，马莉喜欢推给试用期的新人来做，那些新人担心以后马莉从中作梗不能转正，敢怒不敢言，只得忍气吞声地干些工作之外的活。

试用期的新人转正以后，对马莉的印象很不好，觉得马莉工作上偷奸要滑，为人不够宽厚。

与马莉同时进入这个公司的还有个叫陈卓的女孩，她进了公司后，一直没有干出大成绩，但是，却从来都是很敬业，对于自己本职的工作，都能够及时完成，和同事的关系也非常好。试用期过后，陈卓的工作状态依然是积极向上的。试用期新人工作上遇到麻烦的时候，陈卓还常常主动伸手帮助。

一年后，企划部主管被调到刚成立的西安分公司当经理去了，老总把陈卓提拔为企划部主管。宣布这个结果后，马莉非常不服气，年轻气盛的她一怒之下写了辞职报告，直接递给了老总，她觉得自己是千里马，而老总不是伯乐，她得另觅好去处。

老总看了这个辞职报告，乐了，然后笑嘻嘻地说道："马莉，我知道你对提拔陈卓非常不服气。我在没有创业前是园艺师，你知道植物开花结果，取决于什么吗？取决于'积温'，也就是'积累的温度总和'。不同的植物需要不同的'积温'，'积温'达到了这种植物的要求，它就开花或结果。同样的道理，职场中人的'开花结果'，也需要'积温'。虽然你试用期内工作非常有冲劲，取得了让大家眼睛一亮的好成绩，也让自己'火'了一把，但是，你没有持之以恒啊，很快就在工作上、在人际关系上'降温'了，使得以前'火热'的你变得'凉'了下来。陈卓当初没有你工作成绩好，但是，她工作一直非常踏实，待人也非常谦和，也很热心，于是，每天给自己加温一点点，天长日久，温度积攒到一定的时候，她自然就在职场上'开花结果'了。"

听完老总的耐心教导，马莉的脸发烫，她不好意思地收回了自己的辞职书。

从老总办公室回去的路上，马莉决定自己以后一定要持之以恒地在职场上"积温"，她相信火候到了的时候，她也会在职场上盛开出鲜艳的花朵。

第9节 只追前一名

比我晚三届的学弟大学毕业后进入我们公司的销售部做销售。加上学弟，我们公司的销售部有二十五人。

销售部里都是有经验的销售员，只有学弟是没有任何工作经验的生手。销售部每个月都会搞一个销售排名。学弟刚去的时候，并没有给自己树立远大的目标，他第一个月的努力目标就是超越第二十四名,也就是说，学弟把自己放在最末尾的姿态，希望自己能超越前一名。

对于没有任何经验、没有任何客户资源的学弟来说，他的工作可真算是"白手起家"。

公司是销售办公用品的，学弟开始用的是传统的"扫楼"办法，就是去一个商务区，挨个楼层、挨个公司去推销。很多公司对于上门推销的销售员很反感，觉得这些销售员打扰了他们工作，于是学弟在公司保安或者公司前台这里就吃了闭门羹，根本没有向具体管事的人进行推销就被迫灰溜溜地转身离去。

学弟在一个月的时间里拜访了上千家公司，磨破了一双皮鞋，终于和一家新成立的、还没有正式营业的公司签订了一笔业务合同，销售出去二十多万元的办公用品。

这个订单不但让学弟完成本月目标超越了第二十四名，而且还让原本试用期为三个月的学弟提前转了正。

第二个月，学弟继续扫楼，这次他学聪明了，公司门口有保安或者前台的，学弟放弃，因为根据以前的经验来看，这些保安或者前台的工作之一就是阻拦销售员，向他们发资料和他们详细解说，简直是对牛弹琴，不会起任何作用。另外，既然能配备保安和前台，这样的公司一般都已经正常运营，不需要购买大批量的办公用品，去这些公司推销简直是浪费时间和精力。学弟专门找那些正在装修的公司，有时候还能遇到正在装修现场监工的公司老板，向这些老板推销的成功率会更高，因为老板有最终决定权。

如果老板有购买意向，就会认真地和学弟讨价还价，学弟就会热情地邀请老板来我们公司看样品。一般能来我们公司看样品的老板，基本上都在现场和学弟签订购买合同了。

第二个月，学弟签订了三份合同，销售额是八十多万元。学弟虽然定下的目标是只追前一名，但是事实上，他这次一下子越过了好几个人，销售排名榜上，他已经是第 19 名，超越了六个人。

学弟第三个月给自己订的计划依然低调，依然是超越前一名。

学弟这个月更有经验、更聪明了，他不去那些著名的老牌商务区了，而去新商务区。这样的商务区有很多公司都刚刚成立，正处于装修阶段或者刚完成装修，还没有来得及购买办公用品。

学弟的这个策略确实很好，这个月签订了七单，其中有一单是和一家大公司签订的。这家大公司在那栋写字楼整整租了一层楼，办公面积大，需要的办公用品相对多。光这家公司就和学弟签订了八十多万元的合同。再加上另外六份合同，学弟这个月的合同额为一百七十多万，当月的销售排行榜上，又越过了好几人，处在第 11 名的位置。

学弟的进步让那些老销售员们大吃一惊。

让那些老销售员吃惊的还在后面呢，第九个月的时候，学弟已经超越了其他人，成了当月的销售冠军。这时候，老总把学弟当成了销售奇才，提拔他为销售部副经理。

120

职场小贴士：

进入职场后，千万不要急功近利给自己树立远大的目标，其实，每个月给自己定个力所能及的小目标，让自己只追部门里业绩的前一名，就这么默默地努力、默默地坚持，很快就会做出惊人的职场成绩。

第 10 节　卧槽的好处

去年十一的时候，我们大学同学聚会。大学毕业十多年了，大家基本上都跳过槽，跳得很勤的已经跳十多次了，差不多平均一年换一个工作。

曹格是全班仅有的没有跳过槽的人，并且是全班职场上发展最好的人。面对大家的困惑，曹格淡定地讲述了自己的职场发展历程。从他的讲述中，我们深深体会到"卧槽"原来还有这么多的好处。

履历深　资格老

曹格所在的公司是家成立十八年的公司，公司成立的第二年，刚大学毕业的曹格进入这家公司工作，至今已经十七年了。铁打的职场流水的兵，随着公司员工来来去去地不断洗牌，这家三百多人的中型公司如今只有老总比曹格的资格老。有次曹格与老总一起出差，漫漫旅途闲得无聊，两人在车上打扑克。打扑克的时候，老总突然说了一句话："咱们公司只剩下你我两个老人了，其他的都各奔前程去了。如果把咱们公司比喻成一副扑克牌的话，我就是大王，你就是小王了……"从老总的感叹中，能看出公司的资深员工在他心中的地位。

公司其他员工在公司里的"工龄"都没有曹格长。职场上还是非常讲究履历和资格的。前几年，曹格只是部门经理，单位聚餐的时候，老总称呼其他部门经理都是直呼其名，叫曹格的时候却亲切地称呼为"老曹"，显得老板对他礼让三分。众人面前，老板都这样对曹格高看几分，公司的其他人也都比较尊敬曹格，这让曹格在公司里很有地位，从来没有人挤对他，他工作起来很是舒心。

带来稳定生活

公司虽然有员工宿舍，但是，曹格是个喜欢安静的人，他希望有自己单独的空间。开始的时候，曹格是在公司附近租房子，工作的第六年，曹格见自己收入很稳定，老板对自己也比较器重，房价还比较便宜，于是就在公司附近以按揭的方式买了套房子。因为工作稳定，收入也比较稳定，于是，每个月的月供并没有给曹格带来明显的压力。曹格是全班同学中凭自己的能力最先买房的人。其实，当初也有一些已经上班的同学琢磨买房子的事情，但是一想到以后如果跳槽不定在哪工作呢，所以认为买房子的意义不大。于是这个一想一耽搁，房价就起来了，后来想着等房价跌跌再买，结果却一路涨上去，弄得连首付也交不起了。因此，大家很佩服曹格眼光远。只有曹格自己心里明白，他买房子不是因为眼光远，而是因为自己工作很稳定没有经历过跳槽而已。

曹格结婚生子后，儿子在附近读的幼儿园，又在附近读的小学，根本没有搬家之烦恼，一家人生活得很是踏实、温馨、幸福。

水 平 提 升

因为在公司的时间长了，曹格的性格、优点，老总都了如指掌，当然，曹格的缺点，老总也很了解。以前曹格工作比较拖沓，老总委婉地批评后，曹格的工作效率就提高了；以前曹格爱喝点酒，喝醉过一次而影响了工作，老总批评后，曹格就改正了……因为老板见到曹格的缺点就会及时提醒甚至批评他，见到他工作中存在的问题就会及时指出，而曹格又是个知错能改的人，于是他在职场中进步很快。曹格的进步老总也看在眼里。公司在发展，曹格的工作能力也一直在进步，老总很是欣慰。

更 显 忠 诚

我们这些普通上班族去掉幼儿以及年少读书阶段，从开始工作一直到退休，大概是 35 年到 40 年的工作时间，一个员工能把这么有限的、宝贵的工作时间耗在一家公司上，至少说明这个员工对这家公司感情很深，对这家公司很忠心。而在职场中，最重要的品质就是忠心了。对于忠心并且资格老的员工，老板一般是会给予重用的。

福利待遇高

曹格所在的这家公司每年都会给员工涨百分之五的工资，虽然每年百分之五看着不多，但是，每年涨工资的基数是在不断抬高的。曹格在这家公司连续工作了十七年，基本工资涨了一倍多。另外，因为是资深员工，老板给曹格每年有百分之一的分红。不要小看这百分之一的分红，对于一个每年能盈利两千多万的公司，这百分之一的分红就是二十多万元。另外，其他人每年的带薪年假基本上是十五天左右，而曹格的却是一个半月。可以这么说，曹格的这些分红和福利都是他在这家公司里苦苦熬出来的，都是以自己长期的忠心和敬业挣出来的。

职场小贴士：

职场中，很多时候跳槽不如卧槽，在职场中频频地跳不如在一个地方闷着头踏踏实实地干。跟对老板卧对了槽，职场前程那是一片辉煌。

第 11 节　每一天的努力都是凝聚

九年前，大专毕业的表弟来到上海。大上海人才济济，他的大专文凭没有任何竞争力。一番波折之后，表弟在一家酒店当服务员。

酒店服务员管吃住，但是，一天，表弟给我打电话："哥，我以后住你那吧？睡客厅就行！"我感觉很奇怪："你们那不是管住吗？住集体宿舍多好，就在酒店附近，步行五分钟就能到酒店上班，我这里多远啊，坐地铁还得半个小时！"表弟说道："我们那里上午上班比较晚，十点才正式上班呢，早晨九点半起床都不影响工作，所以大家晚上睡得都晚，又是玩电脑游戏又是打扑克斗地主的，影响我看书。再说了，我看书，他们还嘲笑我，影响我心情，我还不能和他们吵，总得注意团结吧？"我很好奇："你看什么书？"表弟不好意思地说道·"我看会计方面的书，以后准备当会计。"我觉得表弟是心血来潮，一个服务员怎么想起当会计了？真是想一出是一出！但是，表弟既然打电话给我，向这个大城市唯一的亲人请求帮助，我不能拒绝，只好答应了，于是我租的一居室的客厅就成了表弟的临时睡房。

表弟下班比较晚，一般十点半左右下班，然后坐地铁到我这里的时候，基本上晚上十一点了。他一般看书到半夜三点，他很陶醉在夜里看书、学习，他说夜里很安静，整个城市像睡着了一般，看书效率很高。第二天早晨，表弟一般九点起来，然后上班。

123

我觉得表弟看看书也行，总比打扑克耗时间强很多，看书好歹能学点知识吧。

没有想到表弟不只是学点知识那么简单，他还真考取了会计证。考取会计证没有多久，酒店那个女会计回老家结婚不再回来了，老板知道表弟有会计证，就让表弟当了会计。其实，工资涨得并不多，比当服务员的时候只多了几百元钱，但是，表弟很高兴。他兴冲冲地说道："哥，别看涨钱不多，可是，这是对我努力的一种认可啊！"我敷衍着说道："恩恩，是的，继续努力啊！"

没有想到，表弟考证考个没完没了，会计证考完后，他又开始考助理会计师，后来考会计师。

考完会计师后，表弟去一家公司当了会计，业余的时间继续学习，他要考注册会计师。只是这注册会计师实在太难考了，表弟有自知之明，他报了一个辅导班，辅导班和教材很贵，特别是我结婚后表弟在我这住不合适了，他自己出去与人合租，花销更大，每个月几乎不剩钱。但是，他不在乎。去年，终于把注册会计师考了下来，如今在一家会计师事务所工作。

表弟如今年薪三十万元，这是我当初没有想到的。我硕士毕业，工作年限是表弟的两倍，但是，我的年薪还不到表弟的二分之一！

震惊之余，我开始正视表弟多年的努力学习，我对他的毅力很佩服。表弟多年的努力，我是看在眼里的，就像冰冻三尺非一日之寒的道理一样，表弟的每一分努力都在凝聚，才成就了今天的成绩。

职场小贴士：

从表弟的事例中，我明白一个道理：生活不会亏待一颗积极向上的心，职场不会亏待每份努力！很多时候，虽然我们付出的努力暂时没有显现出我们期待的结果，但是，我们要始终坚信：每一天的努力都是凝聚！当凝聚到一定的时候，当量化到一定的时候，那些好运自然会微笑着向你走来。

第12节　瓶子里装酒就不能装酱油

我大学时候学的是英语专业，和很多同学一样，我对未来充满了迷茫，不知道自己以后该如何在职场发展，因为英语只是一门语言，作用仅限于交流，很多非英语专业的人都能够比较熟练地掌握这门语言，很好地用英语交流。

为了以后的就业路子更宽阔些，我考了第二学历，学了经济学，希望以后的双学位有助于自己在职场上的发展。

后来，我还准备报考教师资格证考试，希望自己毕业的时候能够进入学校教书。

那段时间，我非常忙，业余时间又是去经济系听大课，又是准备报考教师资格证考试。

我在电话里和父亲说后，原来以为父亲会对我大加赞扬，没有想到，父亲说道："你的英语就好到不需要学习了？现在又是学经济学又是准备考教师资格证的，你把时间和精力都分散了。你记住一句话：'瓶子里装酒就不能装酱油'，人生需要舍弃一些东西坚持一些东西"。

父亲的话让我清醒了过来，我很快停掉了经济学的研修，也放弃了考教师资格证，一门心思学习英语的口语，每天要听10个小时的英语口语。大四的时候，我在外面租房子，每天晚上看电视，只看英语频道的电视。

毕业后，我进入了一家翻译公司上班。周末的时候，我去一家英语辅导学校给大家讲授口语。多挣份钱是一方面，另外一方面我也可以在"教学相长"中提高自己的口语能力。

毕业后，经过两年的自我提高，我达到了英语的同声传译水平(就是大型场合下，演讲者的话能够同时翻译过来给听众，达到这种水平的人，全国也就几百多人)。同声传译按小时收费，每小时高达一两千元。

后来，我跳槽到一家大型翻译公司上班，经常被公司派到一些大型商务会议或者国际性的行业会议上担任同声传译。因为业绩好，客户们很满意，公司很快给我提高工资。到了这家大型翻译公司的第二年，我的年薪已经拿到了70万元，我很快以按揭的方式在上海买了住房。又过了两年，我提前还清了房贷，然后买车、结婚，生活得还算满意。

如今，我每年实际只需要工作四个月，我的年薪就能拿到80万元。

近些年就业形势不太乐观，我在职场中算是发展顺利的一个，这主要得益于父亲当初的教诲，使得我把时间和精力用在"专攻"英语口语上，在这方面领先于许多人，在口语方面占得了优势。

生活中有句俗语"艺多不压身"，这句老话在时代巨变后，显得很有局限性了。如今很多行业发生了细化，已经远远不只三百六十行。如今职场对"精通"要求很高，以前的那种"样样通但是样样松"是要被职场排斥和淘汰的。只有集中时间和精力把某项技能学精通，才有可能在职场中打开一扇大门！

126

第13节　辞职不是用来说着玩的

黄洁是家科技公司人力资源部的员工。人力资源部经常在周末加班面试求职者，因为一些求职的人并没有辞职，都是"骑着驴暗地里找马"。这样的人平时照常上班，只有周末的时候才能有时间前来面试。作为人事助理，黄洁经常加班协助部门经理，把面试者带到大会议室等候，给他们用一次性纸杯倒上开水；面试的时候，安排他们按次序进入小会议室面试。

黄洁所在的公司是六百多人的中型公司，因为员工多，正常流动的人员就显得比较多，为了添补辞职人员留下的空缺岗位，每隔半个月左右，公司就会面试一些求职者，也就是说，一个月内，黄洁至少在周末加班两次。

黄洁的工作敬业程度得到部门经理以及老总的认可。

但是因为频频加班，有时候甚至因为加班而影响了黄洁的旅游计划，她常常发牢骚，动不动就私下里和公司一些要好的同事说："我们经常加班，每个月至少加班两次，真是烦死了，过一阵我准备辞职！"大家就安慰她：如今工作不好找，到什么地方都是一样的，要甘当革命一块砖，周末需要就周末搬！经过大家的安慰后，黄洁心里舒服多了，暂时不再说辞职的事情了。

人力资源部一共三人：部门经理，人事助理，行政助理。算是三个萝卜三个坑，各司其职，部门业务运转得非常好。让黄洁没有想到的是：某天，公司居然新招聘进一个人事助理罗红。部门经理的解释是：黄洁工作量很大，经常加班，应该招聘个新人来分担下她的工作。开始的时候，黄洁心里还挺感动的，当经理让她把一些工作包括人才备用库交接给罗红的时候，黄洁非常爽快、热情地进行了交接。

交接过后，随着罗红对工作的熟悉，以前黄洁的很多工作如今都是罗红代替，黄洁渐渐成为了一个多余的人，周末面试求职者的时候，也不让黄洁加班了，改用罗红。后来，公司里连办入职手续和离职手续的工作都由罗红负责。黄洁彻底成为一个闲人。刚开始的时候，黄洁还暗自得意，觉得自己如今的清闲是多年媳妇熬成婆的结果，但是，转念一想，吓了一跳：如今有没有自己，部门工作都可以正常运转，如果这样，自己岂不是成了吃闲饭的人？根据黄洁的职场经验，公司是不会养吃闲饭的人的。这样一想，黄洁心里紧张起来，担心公司把她解雇。

公司没有把黄洁解雇，倒是把行政部的一些工作交接给了她，因为行政部前阶段刚有一个人辞职。这样，黄洁的身份就比较尴尬，她是人力资源部的人，却干着行政部文员的工作，用人力资源部经理的话说，黄洁算是暂时被行政部借用，她还是人力资源部的人。

就这么尴尬地度过了一年，人力资源部经理升职为公司的副总，根据新副总的推荐，罗红担任了人力资源部经理。

黄洁非常郁闷，因为罗红就是一个刚工作一年的职场新人，罗红的工作当初还是自己一手辅导的呢。自己在公司里已经工作了四年，不管是工作经验还是工作资历，都比罗红强很多，提拔人怎么如此不公平呢？黄洁找到自己以前的顶头上司，如今的副总问个究竟。副总说道："不是我不重用你，而是你一直念叨着要辞职，全公司上上下下谁不知道你打算辞职！如果不是担心你辞职后工作陷入被动，我何必向老总申请再招聘个人事助理呢？说白了，罗红就是为了填补你辞职后的空缺而招聘的。只是罗红进来后，你迟迟不辞职，弄得公司很被动，你毕竟是老员工了，与公司又续签了三年的合同，公司不好违反合同解雇你，只能让你暂时帮助行政部做事。"黄洁一听就急了："您是我的老领导了，我的工作态度您是知道的，我一直很敬业，说辞职那只是说着玩的，有时候加班心里不高兴，也就那么一说而已。"副总严肃地说道："辞职可不是用来说着玩的，第一，你这么说着玩，影响了其他同事的情绪，大家会觉得黄洁都准备辞职了，看来这公司也没有什么值得留恋的，我辞职不辞职呢？这简直是动摇军心。第二，作为部门经理，我必须考虑部门工作不能陷入被动，我必须考虑尽量提前增加人手，把生手培训成熟手，就不担心你辞职了，这都是人之常情……"

128

从副总的办公室里出来，黄洁的肠子都悔青了。

辞职不是说着玩的，别人信以为真了，就会想办法提前预防你辞职后给企业带来的工作被动局面。公司提前做了准备，那么，你就成了对公司没有多大用处的人。这么一来，后果比较严重，公司肯定不会重用一个可有可无的人，这对你的职场前程影响很大。

第14节　路远就早些出门

我的大学同学杜琳大三的时候就在一家外企性质的 IT 公司的行政部实习，干的都是打印或复印文件、装订标书等杂活，但是，她一直干得很认真。因为是实习，薪水给得很少，与她一起实习的有好几个，大家都没有把实习当回事：只是个实习而已，又不是正式员工！公司对实习生的管理非常松，如果不想来了，打个电话给部门经理请假即可。很多时候，他们连请假电话都懒得打，只是事后去单位上班的时候向领导解释下自己没有来的原因：“因为参加学校某团体组织的一项公益活动”“因为这几天身体不舒服！”“因为我老家来了个亲戚去医院动手术，我抽时间去医院陪护了！”部门经理对这样的解释都是一笑了之。既然这几个实习生把自己当成过客，部门经理也把他们当成过客，对于他们的解释根本不当回事，自然也不会批评他们，何必与实习生结下梁子，何必不做顺水人情呢？因此，部门经理对他们的管理很是宽松。于是，实习生就处于这种半放羊的状态中优哉游哉地挣点零花钱，根本不去认真地考虑未来。

　　杜琳却把实习当成一份正式工作来做，干得比那些正式员工还要认真。每逢周末加班的时候，很多正式员工都找各种各样的理由请假，但杜琳每次都是主动加班。公司参加会展的时候，杜琳一个人忙前忙后，后来，几个正式员工想要结伴出去吃饭，就对杜琳说道：“小杜啊，你在这看着咱们的展台，我们吃完饭就回来替你！”杜琳连连答应。他们走后，杜琳从随身携带的挎包里拿出包方便面，然后从饮水机接水泡了吃。这个时候，去其他地方办事的老总回来后看到这个场景很是感慨：一个实习生居然比正式员工还能吃苦！

129

　　杜琳大学刚正式毕业，就立即接到了公司转正的聘书。其实，她工作的这家 IT 公司在行业中很是出名，很多重点大学的毕业生甚至研究生都削尖了脑袋想进入这家公司，这些人在面试过程中大多数都会被淘汰。实习生直接转正更是天方夜谭，以前根本没有这样的先例。

　　公司是做软件安装的，项目多的时候，需要从外面招聘一些技术骨干进来。杜琳转正以后，就被公司安排到招聘部工作。

　　为了节省租房成本，杜琳租的房子离她工作的中关村很远，每天早晨，她都是坐第一班公交车到达地铁站，然后再乘地铁去单位。从来没有迟到过，老板有时候翻阅考勤表，内心禁不住对这个勤奋的员工暗暗称赞。

　　一年后，因为杜琳工作业绩好，在整个部门的五个招聘专员中业绩第一，于是当招聘部经理被提拔为公司副总后，杜琳被老总提拔为招聘部经理。

　　杜琳工作三年后，跳槽到同行业的另外一家大型外企担任人事总监。

在我们班里，她是发展得最好的，很多同学还在职场底层摸爬滚打时，杜琳作为大公司的人事总监，已经参与公司的很多重大问题的决策，成为大公司的高管了。在职场发展上，杜琳把我们班的其他人都远远地抛在了身后。

在同学聚会上，大家让杜琳传授下在职场里是如何走上"溜光大道"的，溜达到我们所有人的前面去了。杜琳笑眯眯地说："没有办法，你们都比我聪明，我只能提前出发！上中学的时候，我们家很穷，穷得甚至买不起一辆自行车，我家离学校远，很多人骑自行车，他们都能准时到校，因为我没有自行车，我老是迟到，常常受到老师的批评。爸爸知道后，对我说：'没有关系，路远咱就早出门，以后你上学从家里早出发半个小时就行了。如果冬天的时候早晨天还没有亮，我就送你！'从此，因为我提前从家里出发，就再也没有迟到过。我的高中是靠我们当地的一家企业赞助读完的，大学的学费是靠助学贷款交上的，可以说，我读书的时候，我是咱们班里最穷的，但是，我从来不泄气，因为我牢牢记住了父亲的那句话'路远就要早出发'。很多人大学里过得很悠闲很潇洒，但是，我从大三的第一学期就考虑着就业的事情，于是我就找到了那家实习单位，我是咱们班里第一个出去实习的，为什么？因为我觉得我是咱们班里综合条件最不好的，我必须提前出发；很多人对实习不用心，我却很珍惜，因为我提前出发，把这份实习工作当成了正式工作来干……"

这次同学聚会让我收获很大，不但加深了同学友情，还让我深刻理解了"路远就要早出门"的道理，这会让我受益终生。

第15节　收起绊马索，扬起"飞毛腿"

刚参加工作的时候，我认识了丁凡和徐磊，他们都是我的同事，和我一样，这份工作也是他们的第一份工作。

那个时候我们因为年龄一样又是职场新人，有着很多的共同语言，于是我们一起租住了一套三室一厅的房子，每人住一个卧室，房租均摊，也就是说，那个时候，我们三个人在这个城市里生活条件是一模一样的。

我们那批同时进公司的应届生有 40 多人，这 40 多人中，高峰很快脱颖而出。说句公道话，高峰虽然和我们这些应届生都同龄，但是，他有着我们所不具备的沉稳、勤奋以及谦虚、平和。那个时候，我们都是年轻气盛、头翘尾巴撅的，但是高峰就能做到夹着尾巴做人。因为工作勤奋、业绩优良，再加上做人谦逊热情、人缘好，老板以及绝大多数员工对高峰评价都很好。

半年后，高峰担任了我们公司的一个部门负责人，这对于刚入职场半年的新人来说，简直是奇迹，大家都很羡慕，只有丁凡非常不服气："依我看，高峰真本事没有，厚黑学倒很精通，不但面对领导的时候像条哈巴狗一样把尾巴摇得很欢实，就是面对老员工的时候，那笑得简直像花一样，你没有见他现在已经笑得脸上的肌肉抽搐了，笑起来皮笑肉不笑的吗？"丁凡的这番话是回到我们租住的房子里说的，那时候我性格内向，很少说话，虽然觉得这话不中听，但是我没有吭声。徐磊听到这番话也很不乐意，他反驳道："丁凡，我觉得人家高峰有很多优点，值得我们学习，近期我就在观察他，就在学习他的优点呢！"丁凡一听这话，激动地站了起来："你要学习他？他有什么值得你学习的？呸，这个高峰真会迷惑人心呀！"然后怒冲冲地回到他的卧室去了，留下我和徐磊面面相觑。

从此以后，徐磊以高峰为榜样，不断地学习高峰，几年后，居然超越了高峰：高峰还是那个部门的负责人，但是，跳槽去同行业同等规模的一家公司的徐磊已经当上了副总。

再说下丁凡，自从高峰升职为公司中层领导之后，丁凡算是盯上高峰了，他的眼睛像是放大镜，高峰工作上一个小小的失误，都会被丁凡无限地放大，然后在公司内部传播(后来发展到了公司外部也传播)，并且很快会被丁凡用另外申请的邮箱匿名把"举报信"发到老总的邮箱里。事后，丁凡会得意洋洋地私下告诉我："我已经匿名举报了，等着看高峰的好戏吧。"我感觉不可思议："丁凡，你与高峰不是一个部门的，根本没有任何的利益冲突，你整天使绊子绊人家为什么呢？"丁凡愤恨地说："就是图个心里舒坦，就是图个把距离拉近甚至超越他，把他绊倒了，我超越他不就容易了吗？"我真是无话可说了，丁凡居然无聊、阴损到如此的地步，他就不想想，把人家绊倒了，并不等于他丁凡从此就跑得快了，他该是如何还是如何。

我想了想，觉得还是远离丁凡这样的人为好，因为他的心胸如此狭隘、素质如此低下，他可以时刻琢磨着绊倒高峰，也可以背地里时刻琢磨着绊倒我，因为我在公司里工资比他高、人缘比他好。

后来，为了避开丁凡，我跳槽到另外一家公司工作。

转眼间，十几年过去了，我们都从二十出头的毛头小伙子变成了三十多岁的"准中年人"了。

世界有时候就显得那么小。一天下午我去看望一个远房表弟，毕竟都是家乡人还有些亲戚关系，他刚到上海，不去看望不合适。

远房表弟与另外两人合租一套三居室，进了屋子后，我意外地见到了丁凡，他显得很热情地和我握手，然后带我去他的卧室，这是他和妻子、儿子一家三口的"地盘"，只是妻子带着孩子出去玩了，家里暂时就丁凡一个人。

我们站在阳台上抽烟，丁凡一点都没有变，心胸还是很狭隘，他又开始喋喋不休地抨击人，不但抨击我认识的高峰，还抨击他现在新公司的几个人："我就是看不惯这几个人的张狂劲，不就是工作干得好点吗？不就是工资挣得比我高点吗？等我有机会了我得使个绊子收拾收拾这帮小子！"说完这话，丁凡说道："媳妇不在家，中午没有人做饭，我还没有吃午饭呢，我找点吃的去啊！"过了会，他从公用厨房里出来了，手里拿个凉馒头，边啃馒头边继续抨击人。我内心非常复杂，感觉丁凡是个可怜又可恨的人。来上海十多年了，我们那批同时参加工作的"应届生"前同事差不多有一半贷款买了房子(徐磊除外，他收入高，全款买的房子)，即使没有买房子的，也会是一家人租套房子。丁凡一家三口和两个刚毕业的大学生合租在一起也不方便啊，毕竟有年龄段差异，生活习惯什么的差别比较大啊。混了十多年，不但拿不出买房子的首付款，就连单独租个一室一厅的实力都没有，怎么还好意思边啃着凉馒头边琢磨使绊子呢？徐磊从来不琢磨使绊子，他看准某个优秀的职场人士后，就以人家为榜样，在后面猛追，即使没有超越或者赶上人家，在猛追过程中，自身肯定也会有很大的进步。

很多时候，性格真的决定着命运。

徐磊，从来不琢磨使绊子，就是喜欢坦荡地、上进地追赶优秀的人，于是在长期的追赶中，自己练就了"飞毛腿"，大大提高了自己的工作能力。

丁凡把很多精力和时间没用在正道上，而用在了使绊子上，他的工作能力一直很一般，因此生活状态也很一般。

职场中，遇到比自己优秀的人，要使劲去追赶，千万不要琢磨着使绊子，把别人绊倒并不能让自己进步，只是个损人不利己的缺德招数而已。遇到比自己优秀的职场人，扬起"飞毛腿"追赶吧，肯定能追赶出积极向上、欣欣向荣的职场人生。

第16节　牢骚像口臭

一天，中午下班后，我在单位附近吃午饭(因为上班路程远，中午下班后不回家)。同事秦莉端着饭碗坐到了我桌子对面，然后开始像往常那样诉苦："我觉得我很勤奋啊，但是为什么总是升不了职呢？升不了职，工资就不能大幅度地涨上去。像我工资这么低，累死累活地每个月才3000出头，我和老公什么时候才能还完我们欠银行的那20多万房贷啊！"

听着秦莉没完没了地发牢骚，我压住内心的不耐烦，拼命让自己脸上显得很淡定，见我没有表现出不耐烦，她继续发牢骚："你说老天怎么这么不公平？我一个初中同学，连普通高中都没有考上，读的是职业高中，学的好像是什么车工专业，职业高中毕业后去深圳一家工厂打工，据说如今当上了技术副厂长，月薪两万多，前几年就在深圳买房了。一个职高生，她凭什么混得这么好？"对于这个问题，我以前已经与秦莉探讨过了，我劝过她："你同学拿高薪自然有她拿高薪的道理，你想想，你高中后读四年大学，人家职高毕业后直接去深圳那边的工厂上班去了；你大学四年毕业后开始找工作，此时人家已经有四年工龄，升任为车间主任了！你大学里学的很多东西工作中根本用不上，但是，人家职业高中学习的机械制图什么的却能在工作中得到很实际的运用，人家会看图纸也会画图纸，新产品的图纸出来后，人家就可以以技术工人的身份指导那些没有经过正规培训、看不懂图纸的普通工人生产。"这些情况都是秦莉向我多次介绍的，我才利用她介绍的背景和实例来劝说她的，但是，劝说几次后，她还是不停地发牢骚。我才明白，爱发牢骚的人其实就是因为爱发牢骚而发牢骚的，并不是因为你给予她某个问题合理的解释和劝说后她就不"追究"这个问题了。

　　我无心听她的牢骚，因为我在考虑父亲做手术的问题。父亲住的那个医院需要动手术的患者很多，外科医生忙不过来，我父亲的手术一直都没有被安排，要想不耽搁父亲的病情，必须找个熟人托关系及时安排父亲手术才行。另外，还有个烦心的事情，就是父亲现在住院一直是我和我老公轮流看护。白天，几乎是老公看护，但是，老公的领导已经警告他："请的假已经够多的了，不能再请假了！"因此，我必须赶紧找个有经验、人品好、能真正独当一面让我放心的男护工。别看我在单位工作的时候很淡定很快乐的样子，其实，我一肚子的烦心事呢。秦莉的那些小烦恼与我相比，简直是不值得一提！她总是诉说房贷的压力，其实，我买的房子比她的大，银行的贷款比她的多，压力自然也就比她重得多，但是，我从来不发牢骚，发牢骚有什么用？解决不了实际问题还白白地破坏了别人(听者)的好心情或者让别人本来就不好的心情变得更加糟糕。

　　每天忙于工作和家庭生活的我简直是疲惫不堪，有点难得的空余时间，我总是想安静一会，想让自己疲惫的身心能休息一下。结果秦莉倒好，一见我有时间就黏上来讲她的那些烦心事。我就纳闷，全公司那么多人，为什么这么"青睐"我呢？为什么总找我倾诉呢？我后来经过仔细观察，发现其他的同事都像躲瘟神一样躲着秦莉，秦莉找不到其他的倾听者，只能缠着我这"最后的听众"。

　　为工作和生活，身心疲惫的我实在没有精力和心情听秦莉的牢骚，从此，我也就躲着她，不愿意再听她说那些烦心事。

生活中，每个人都不容易，都会遇到各种困难和各种烦恼，如果大家都在单位里倾诉这些困难和烦恼，那么，单位这个工作场所就会变成诉苦大会了！事实上，绝大多数的上班族都能理智地控制好情绪，分清楚单位就是工作的场所，不是发牢骚的地方，因此，虽然大家多多少少都有沉重的心事，但是，脸上都装得淡定自信，都挂着微笑，不想把自己的烦恼甚至悲伤流露出来。毕竟家庭的事情属于个人私事，还是自己私下里去解决为好。

在公司里唠唠叨叨地倾诉，不但对解决问题没有实质性的帮助，还影响了对方难得的休息时间，严重破坏了对方的心情。

牢骚如口臭，自己闻不到，但是却能把别人薰得不敢靠近。爱在职场发牢骚的人只会让别人对他(她)疏远，只能让自己的职场人际关系变得糟糕。

每个职场人请谨记：管好自己的嘴巴，不在职场发牢骚，这是每个优秀职场人应该具备的素质。

图书在版编目(CIP)数据

职场达人就是这样炼成的. 职场误区篇 / 宁国涛著.
—西安：西安电子科技大学出版社，2015.4
ISBN 978-7-5606-3553-8

Ⅰ.① 职…　Ⅱ.① 宁…　Ⅲ.① 成功心理—通俗读物　Ⅳ.① B848.4-49

中国版本图书馆 CIP 数据核字(2014)第 298022 号

策　　划　刘玉芳
责任编辑　毛红兵　王　静
出版发行　西安电子科技大学出版社(西安市太白南路 2 号)
电　　话　(029)88242885　88201467　　邮　　编　710071
网　　址　www.xduph.com　　　　　　　电子邮箱　xdupfxb001@163.com
经　　销　新华书店
印刷单位　陕西华沐印刷科技有限责任公司
版　　次　2015 年 4 月第 1 版　　2015 年 4 月第 1 次印刷
开　　本　710 毫米×1000 毫米　1/16　印　张　9
字　　数　121 千字
印　　数　1～1000 册
定　　价　24.00 元
ISBN 978-7-5606-3553-8/B

XDUP 3845001-1

如有印装问题可调换